Martin Storm

Einflüsse von Industrie 4.0 und Digitalisierung auf das Controlling

Neue Herausforderungen für den Beruf des Controllers

Bibliografische Information der Deutschen Nationalbibliothek:

Die Deutsche Nationalbibliothek verzeichnet diese Publikation in der Deutschen Nationalbibliografie; detaillierte bibliografische Daten sind im Internet über http://dnb.d-nb.de abrufbar.

Impressum:

Copyright © Studylab

Ein Imprint der Open Publishing GmbH

Druck und Bindung: Books on Demand GmbH, Norderstedt, Germany

Coverbild: Open Publishing | Freepik.com | Flaticon.com | ei8htz

Inhaltsverzeichnis

Abkürzungsverzeichnis

acatech	Deutsche Akademie der Technikwissenschaften
BMBF	Bundesministerium für Bildung und Forschung
BMWI	Bundesministerium für Wirtschaft und Energie
CPS	Cyber-Physische Systeme
ICV	Internationaler Controller Verein
IGC	International Group of Controlling
IoE	Internet of Everything
IoS	Internet of Services
IoT	Internet of Things

Abbildungsverzeichnis

1 Einleitung

Der Anstieg der Datenpakete, die seit 2010 über das Internet verschickt werden, verdeutlicht den rasanten Fortschritt und die Reichweite der Digitalisierung. Nach der Prognose und Umfrage „Digitales Universum", von DELL/EMC, wird sich das weltweite Datenvolumen bis 2020 verzehnfachen.[1] Wo anfänglich ausschließlich stationäre Desktopcomputer als Sender und Empfänger arbeiteten, sind in den letzten Jahren neue Geräte wie Smartphones und Tablets, ausgerüstet mit neuen Funktechniken wie zum Beispiel WLAN oder NFC zum Einsatz gekommen und haben mittlerweile alte Techniken verdrängt. Das Internet, welches einen globalen Zusammenschluss vieler vernetzter Computer darstellt, ist aus der heutigen Zeit nicht mehr wegzudenken. Zum Beispiel ist es bereits möglich, Kühlschränke und Waschmaschinen mit dem Internet zu verbinden. Die Anzahl vernetzter Gegenstände, die im Alltag verwendet werden, nimmt immer weiter zu. Mit der Einführung eines neuen Standards können $3{,}6 \times 10^{38}$ verschiedene Adressen, einzelnen Objekten zugeordnet werden, sodass davon auszugehen ist, dass dieser Trend anhaltend ist.[2]

Der Fortschritt der neuen Technologien, angetrieben durch die zunehmende Digitalisierung, bezieht sich nicht nur auf Konsum- und Endverbraucherprodukte. Die Digitalisierung beeinflusst auch Unternehmen mit ihren Produktions- und Geschäftsprozessen. Die deutsche Bundesregierung unter Bundeskanzlerin Angela Merkel hat dies auch erkannt und fordert eine maßgebliche Beteiligung an der weiteren Entwicklung um nationale Unternehmen im globalen Wettbewerb zu stärken.[3]Industrie 4.0 stellt diesen Einzug der Digitalisierung innerhalb deutscher Unternehmen dar.

---

[1] Vgl. EMC, 2014.
[2] Vgl. Scheer, 2016, S. 36.
[3] Vgl. Gleich et al., 2016, S. 23.

„Das Wirtschaftswachstum in Deutschland kann im Grunde nur durch Innovationen sichergestellt werden, indem wir an den wesentlichen Trends der Weltwirtschaft teilhaben. Hier ist ganz besonders wichtig, dass wir die sogenannte Industrie 4.0-Entwicklung gestalten."

Bundeskanzlerin Angela Merkel [4]

Während die Entwicklung zu Industrie 4.0 auf technischer Ebene bereits weitestgehend absehbar ist und untersucht wurde, hat die betriebswirtschaftliche Seite bisher weniger Aufmerksamkeit erfahren. Auswirkungen auf betriebswirtschaftliche Aspekte sind dadurch wenig bekannt.

Vor allem im Unternehmenscontrolling wird ein starker Wandel vermutet und es stellt sich die Frage, wie das Controlling und das Berufsbild des Controllers der Zukunft aussehen werden.[5]

Diese Arbeit beschäftigt sich mit der Frage, inwiefern sich die Einführung von Industrie 4.0 und die voranschreitende Digitalisierung auf das Unternehmenscontrolling auswirken und welche Veränderungen dies auf das Berufsbild des Controllers haben wird. Dazu wird zu Beginn das Zukunftsprojekt Industrie 4.0 definiert und anhand seiner wesentlichen Merkmale vorgestellt. Mögliche Chancen und Risiken werden ebenfalls aufgeführt. Anschließend werden die Einflüsse auf das Controlling konkretisiert und erläutert. Die Hauptprozesse des Controllings werden auf mögliche Veränderungen untersucht, neue Herausforderungen für das Controlling werden dabei sichtbar aufgezeigt und durch einen Ausblick auf die zukünftige Entwicklung ergänzt. Abschließend werden die Veränderungen für das Berufsbild des Controllers und seiner Rolle im Unternehmen benannt. Das Fazit fasst die Ergebnisse der Arbeit zusammen.

---

[4]   ICV Ideenwerkstatt, 2015, S. 1.

[5]   Vgl. Losbichler, 2016, S. 45-46.

2 Industrie 4.0

Die Bezeichnung Industrie 4.0 beziehungsweise die vierte industrielle Revolution charakterisiert die Digitalisierung und Vernetzung der gesamten Wertschöpfungskette eines modernen Unternehmens sowie die Verknüpfung von physischen und virtuellen Produktionsfaktoren. Dabei sollen Steuerungssysteme, Maschinen und einzelne Produkte selbst permanent Daten und Informationen untereinander austauschen. Dieser Datenaustausch erfolgt sowohl werksintern, werksübergreifend als auch firmenübergreifend. Dadurch können Produktion, Lieferanten und Produkte miteinander kommunizieren, interagieren und reagieren. Ziel ist es hierbei, die Flexibilität und Effizienz von produzierenden Unternehmen durch intelligente Automation wesentlich zu steigern und der deutschen Industrie somit weiterhin im globalen Wettbewerb einen Vorteil zu verschaffen.[6]

Es gilt dabei aber zu beachten, dass menschenleere und vollautomatisierte Fabriken, welche oft befürchtet werden, nicht das Ziel sind. Vielmehr wird eine Synthese aus der Nutzung der neuen Informationstechnologien und klassischen menschzentrierten Organisationsformen angestrebt.[7] Treiber für die Entwicklung und Einführung von Industrie 4.0 sind der stark gestiegene Wettbewerbsdruck im Bereich der industriellen Produktion, mit der Folge immer kleiner werdender Margen und verstärktem Outsourcing. Gleichzeitig erwarten die Kunden trotz länger werdenden Lieferketten eine Verkürzung der Produktzyklen und eine stärkere Individualisierung der Produkte. Der Übergang von einer Massenfertigung mit einer wirtschaftlich optimalen Losgröße zu einer individualisierten Einzelfertigung mit Losgröße 1 stellt die Unternehmen vor große Herausforderungen. Eine flexiblere Produktion und schnellere Innovation neuer Produkte führt zu einem Anstieg der technologischen und organisatorischen Komplexität. Die Einrichtung einer hochgradig flexiblen Produktion, wie sie Industrie 4.0 ermöglichen soll, kann dabei zu einem wichtigen Erfolgsfaktor für die Unternehmen werden.[8]

Hinsichtlich des wirtschaftlichen Faktors geht man davon aus, dass mit der Entwicklung und Umsetzung von Industrie 4.0 enorme volkswirtschaftliche Potenziale hinsichtlich der Bruttowertschöpfung erreicht werden können. Folglich stößt

---

[6] Vgl. Gleich et al., 2016, S. 23-25.

[7] Vgl. Scheer, 2016, S. 52.

[8] Vgl. Obermaier 2016, S. 12.

dieses Thema nicht nur bei vielen Unternehmen, die ihre Produktion und Wirtschaftlichkeit in Zukunft steigern und sichern wollen auf reges Interesse, sondern vor allem auch bei der deutschen Bundesregierung.[9] Diese plant mit Hilfe von Industrie 4.0 und den damit einhergehenden technologischen Innovationen, den Produktionsstandort Deutschland für die Zukunft weiter zu stärken und die Attraktivität bezüglich des Knowhows deutscher Unternehmen zu steigern.[10] Der Anspruch lautet, Deutschlands bisherige internationale Spitzenposition in der produzierenden Industrie zu sichern und weiter auszubauen.[11] Es wird erwartet, dass durch die Einführung von Industrie 4.0 die produzierenden Unternehmen nicht nur einen Effizienzgewinn und eine deutlich kundenindividualisierte und hoch wirtschaftliche Produktion erreichen, sondern auch neue Geschäftsmodelle mit zusätzlichen Umsätzen und höhere Margen generiert werden können.[12]

Die von der Bundesregierung ins Leben gerufene „Forschungsagenda Industrie 4.0" soll die Forschung und Entwicklung von Industrie 4.0 begleiten und in eine adäquate Richtung bewegen. Dazu wurde sie von dem Bundesministerium für Bildung und Forschung sowie dem Bundeswirtschaftsministerium mit Fördermitteln von circa 550 Millionen Euro ausgestattet. Schwerpunkte der Forschung sollen unter anderem die Standardisierung und Regulierung von Industrie 4.0-Prozessen sein.[13]

2.1 Definition und Einordnung von Industrie 4.0

Der Begriff Industrie 4.0 wurde das erste Mal im April 2011 im Rahmen der Hightech-Strategie der Bundesregierung auf der Messe Hannover eingeführt. Als eines von zehn Zukunftsprojekten der deutschen Bundesregierung hat mittlerweile das Bundesministerium für Bildung und Forschung die Leitung der Forschungsagenda und Vision Industrie 4.0 übernommen.[14]

Industrie 4.0 ist ein Synonym für die vierte industrielle Revolution, die sich durch die schnell ausbreitende Digitalisierung und Vernetzung bereits ankündigt bezie-

---

[9]   Vgl. ICV Ideenwerkstatt, 2015, S. III.
[10]   Vgl. Gleich et al., 2016, S. 23.
[11]   Vgl. BMWI: Plattform-14.0: Was ist Industrie 4.0?.
[12]   Vgl. Tschandl/Mallaschitz, 2016, S. 87
[13]   Vgl. BMBF.
[14]   Vgl. BMBF.

hungsweise schon in ersten Ansätzen eingetreten ist. Die vorhergegangenen drei industriellen Revolutionen haben durch fundamentale Veränderungen innerhalb der Produktion und Arbeitsorganisation zu einem starken Anstieg der Produktivität geführt. Der Produktivitätszuwachs wurde jedes Mal durch den konsequenten Einsatz neuer Technologien und den damit einhergehenden Optimierungen von Organisation und Steuerung entlang der Wertschöpfungsketten erreicht.[15]   Ein Beispiel für die schrittweise Einführung und Verbreitung einer neuen Technologie ist die Ausbreitung des Internets. Es ermöglicht gänzlich neue Geschäftsmodelle und Möglichkeiten für Unternehmen. Weltweit wurden bereits viele etablierte Geschäftsmodelle durch neuere verdrängt oder mussten Marktanteile einbüßen.

Das ehemals überwiegend datenträgerbasierte Geschäftsmodell der Musikindustrie hat sich demnach komplett gewandelt und bietet seine Inhalte nun digitalisiert in einem speziellen Datenformat auf großen Musikstreamingportalen, wie zum Beispiel iTunes oder Spotify, an. Der stationäre Handel und der Versandhandel von Unternehmen wie Quelle oder Neckermann haben umfangreiche Marktanteile an neue Onlinehändler wie Amazon oder Zalando verloren.[16] Dies   sind   nur zwei Beispiele der sich rasant ausbreitenden neuen Technologien, die bereits heute verfügbar sind und insbesondere von jungen Menschen als selbstverständlich angesehen werden.

Abbildung 1 zeigt, wie die vier industriellen Revolutionen aufeinander aufbauen. Die Erste begann am Ende des 18. Jahrhunderts und wurde durch die Erfindung der Dampfmaschine und der Mechanisierung in Gang gesetzt. Zu Beginn des 20. Jahrhunderts löste die Elektrifizierung der Produktion die zweite industrielle Revolution aus. Mit Hilfe von Fließbändern und standardisierten Abläufen war es möglich eine arbeitsteilige Massenproduktion einzuführen, die zu einer weiteren enormen Produktivitätssteigerung führte. Aktuell befinden wir uns im Übergang von der dritten zur vierten industriellen Revolution. Sie begann im Jahr 1960 und ist gekennzeichnet durch einen hohen Automatisierungsgrad der Produktionsprozesse, ermöglicht durch den zunehmenden Einsatz der elektronischen Steuerungstechnik sowie neuer Informations- und Kommunikationstechnologien in der Produktion. Die jetzt anstehende vierte industrielle Revolution wird durch Digitalisierung und intelligente Vernetzung von Produktion und Geschäftsprozessen

---

[15] Vgl. Sejdić, 2015, S.132-133.
[16] Vgl. Obermaier 2016, S. 4-5.

geprägt sein. Die treibende Technologie sind dabei sogenannte Cyber-Physischen Systeme, die die Verschmelzung von realer und virtueller Welt ermöglichen. Als ein wesentliches Element von Industrie 4.0, werden diese im weiteren Verlauf dieser Arbeit noch ausführlicher behandelt.[17]

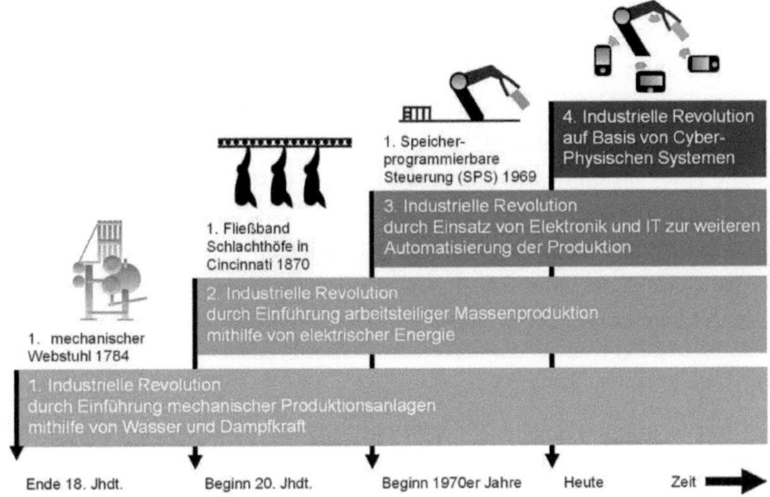

Abbildung 1: Die vier Stufen der industriellen Revolution
[Quelle: In Anlehnung an Spitzenpfeil/Adelt, 2015, S. 17.]

2.1.1 Definition von Industrie 4.0 nach dem Forschungsprojekt der deutschen Bundesregierung

Auf Grund der Aktualität und der noch andauernden Umgestaltung und Erforschung von Industrie 4.0, existieren in der einschlägigen Fachliteratur eine Vielzahl von unterschiedlichen Definitionen. Um eine einheitliche Definition von Industrie 4.0 zu erreichen, haben die Verantwortlichen der Plattform Industrie 4.0 einen eigenen Ansatz vorgelegt.[18]   Diese Plattform setzt sich aus hochrangigen Vertretern der Wirtschaft, Wissenschaft und der Gewerkschaften zusammen und wird aktuell von den Bundesministern für Wirtschaft und Forschung geleitet. Durch einen Zusammenschluss aus Praxis- und Forschungsvertretern gewinnt die

---

17 Vgl. Sejdić, 2015, S.132-133.
18 Vgl. ICV Ideenwerkstatt, 2015, S. 4.

gemeinsam gebildete Definition von Industrie 4.0 an Bedeutung und Aussagekraft.[19]

Die Definition beschreibt Industrie 4.0 als die vierte industrielle Revolution, die sich durch eine fortschrittlichere Organisation und Steuerung der gesamten Wertschöpfungskette über alle Etappen des Lebenszyklus eines Produktes auszeichnet. Dieser Lebenszyklus umfasst verstärkt auch individualisierte Kundenansprüche und reicht von der Idee und der Fertigung, über den Verkauf bis zum Recycling des Produktes. Begleitet wird dieser Zyklus von angepassten Dienstleistungen. Grundlage von Industrie 4.0 ist die Verfügbarkeit von Echtzeitinformationen, die jede Station der Wertschöpfungskette mittels Vernetzung zur Verfügung stellen kann. Die Verknüpfung von Menschen, Maschinen, Anlagen, Logistik und Produkten führt zu einem zu jedem Zeitpunkt optimalen Wertschöpfungsfluss, der, wenn nötig, zu jeder Zeit hinsichtlich verschiedener Kennzahlen, wie zum Beispiel Ressourcen- oder Energieverbrauch, optimiert werden kann.[20]

2.1.2 Ausländische Pendants

Das Forschungsgebiet zur digitalisierten und vernetzen industriellen Produktion ist keinesfalls ein Alleinstellungsmerkmal oder eine gesonderte Forschungsidee deutscher Firmen oder der deutschen Bundesregierung. Auch außerhalb Deutschlands, in anderen industrialisierten und digitalisierten Ländern Europas und der Welt, ist die Forschung an Produktionsinnovationen und die damit verbundene Digitalisierung ein wichtiges Thema, dem entsprechend viel Beachtung geschenkt wird. Regierungen anderer Staaten haben sich ebenfalls mit nationalen Unternehmen und Forschungseinrichtungen zusammengeschlossen und verfolgen mittels eigener Förderinitiativen ähnliche Ansätze. Trotz verschiedener Ausgangspunkte und Namensgebungen sind die Schwerpunkte durchweg ähnlich.

Auch in den USA wurde Mitte 2011 das amerikanische Äquivalent zu dem deutschen Forschungsprojekt Industrie 4.0 unter dem Namen *Advanced Manufacturing Partnership* (AMP) etabliert. Teilnehmer sind die führenden Vertreter aus Wissenschaft, Wirtschaft und Politik, die gemeinsam daran arbeiten, eine entsprechende Strategie für die Entwicklung von Zukunftstechnologien zu vereinbaren. Ziel ist es dabei, analog zur Industrie 4.0, die amerikanische Industrie mithil-

---

[19] Vgl. BMWI: Plattform-i4.0: Hintergrund zur Plattform Industrie 4.0.
[20] Vgl. BMWI: Plattform-i4.0: Was ist Industrie 4.0?.

fe innovativer Forschung und Technologie global wettbewerbsfähiger zu machen. Unterstützung bekam die Initiative im Jahr 2013 von der damaligen Obama-Regierung durch einen Zuschuss von 2,2 Milliarden US-Dollar.

Auch China bemüht sich um eine führende Rolle im globalen Technologiesektor. In einem Fünfjahresplan, der die zukünftigen Ziele und Strategien der chinesischen Industrie festlegt, liegt ein wesentlicher Schwerpunkt auf technologieintensiven Zukunftsindustrien, wie zum Beispiel „Intelligent Manufacturing". Um diesen Plan verwirklichen zu können, fördert der chinesische Staat in seinem aktuellen Fünfjahresplan die Industrie mit 1,2 Billionen Euro.[21]

2.2 Fundamentale Merkmale und Eigenschaften von Industrie 4.0

Die Integration von Industrie 4.0 wirkt sich auf die gesamte Wertschöpfungskette eines Unternehmens aus und durchdringt diese mithilfe intelligenter Vernetzung. Die zukünftige Produktion lässt sich anhand von drei grundsätzlichen Merkmalen von Industrie 4.0 beschreiben.

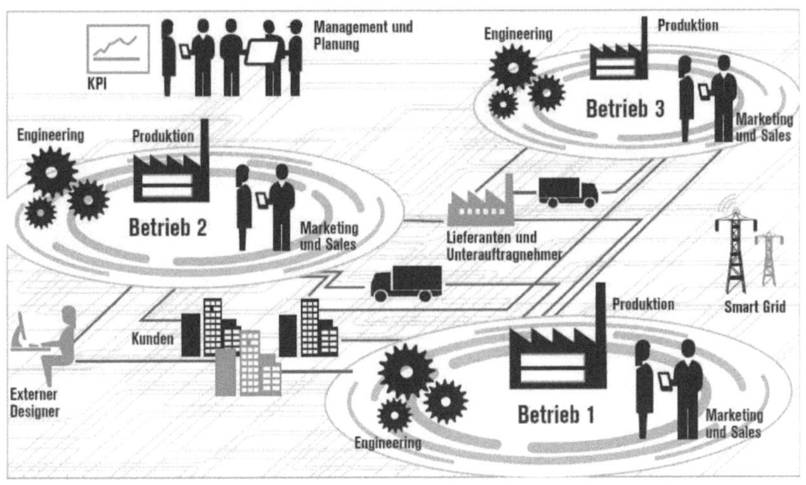

Abbildung 2: Horizontale Integration
[Quelle: Kagermann et al., 2013, S. 26.]

Das erste Merkmal ist die horizontale Integration über die Wertschöpfungsnetzwerke, wie sie in Abbildung 2 dargestellt wird. Während die markanteren dunk-

---

[21] Vgl. Kagermann et al. 2013, S. 71 ff.

len Linien die physikalischen Verbindungen von Waren oder Dienstleistungen darstellen, zeigen die hellgrauen schwächeren Linien das komplexe Netz der Kommunikation. Das bedeutet eine intelligente Verbindung aller Prozessschritte wie zum Beispiel Vertrieb, Fertigung und Logistik. Durch die Einbeziehung der Kunden und Zulieferer wird ein durchgängiger Informationsaustausch zwischen allen Beteiligten gewährleistet. Das ist die Voraussetzung für eine flexible und ressourceneffizient durchgeführte Produktion. Synergien ergeben sich zum Beispiel in Bereichen wie Energie, Material und individuellen Kundeninformationen.

Das zweite Merkmal ist die Durchgängigkeit des System-Engineerings über die gesamte Wertschöpfungskette. Dies bedeutet eine durchweg generelle Werkzeugkette und Digitalisierung, bei der sowohl die Produkte als auch die Produktion jeweils aufeinander abgestimmt sind. Die bisherige Bestellung aus vorbestimmten Produktvarianten, ohne dass einzelne Funktionen des Produktes beliebig kombiniert werden können, soll der Vergangenheit angehören. Zukünftig hat der Kunde die Möglichkeit, eigene Produktwünsche durch Variation einzelner Komponenten und Funktionen zu realisieren und sein persönliches Produkt zu entwerfen.

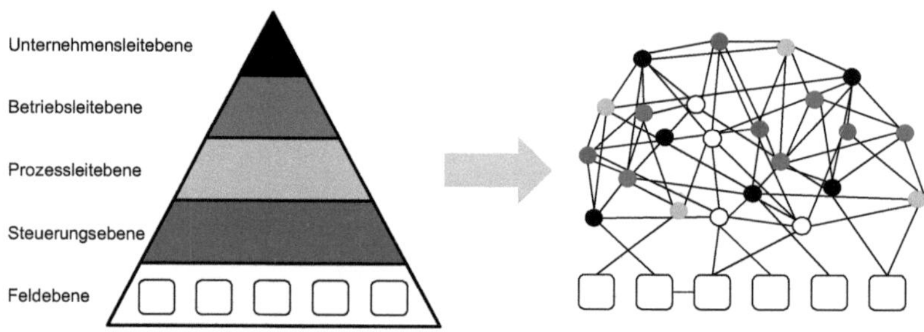

Abbildung 3: Vertikale Integration
[Quelle: In Anlehnung an VDI/VDE Gesellschaft, 2013, S. 4.]

Als drittes Merkmal zeigt Abbildung 3 die vertikale Integration von Produktionssystemen, die, im Gegensatz zu der klassischen Automatisierungspyramide bei der die Informationen auf dem Weg durch die Hierarchieebenen zunehmend verdichtet werden, jede Information für jede quasihierarchische Ebene im Unternehmen durch Vernetzung verfügbar macht. Damit wird es möglich die Planung und Steuerung der Produktion noch flexibler und dynamischer zu gestalten.

Zusätzlich zu den zuvor bereits beschriebenen Merkmalen gibt es weitere Begriffe, die mit Industrie 4.0 in Verbindung gebracht werden. Cyber-Physische Systeme, das *Internet of Things* sowie Big Data, zusammengefasst in *Smart Factories*, haben jeweils einen elementaren Charakter und Beitrag bei der Umsetzung von Industrie 4.0. Sie werden im Folgenden speziell vorgestellt.[22]

2.2.1 Cyber-Physische Systeme

Sogenannte Cyber-Physische Systeme (CPS) werden als relevanter technologischer Motor von Industrie 4.0 angesehen und stehen demzufolge im Mittelpunkt der weiteren Entwicklung. In der Fachliteratur existieren mehrere Definitionen für CPS. Die Forschungsagenda CPS gibt folgende Erläuterung:

> „Cyber-Physical Systems (CPS) sind gekennzeichnet durch eine Verknüpfung von realen (physischen) Objekten und Prozessen mit informationsverarbeitenden (virtuellen) Objekten und Prozessen über offene, teilweise globale und jederzeit miteinander verbundene Informationsnetze."[23]

Diese Systeme können zum Beispiel Produktionssysteme, aber auch Geräte oder Objekte des täglichen Lebens sein, die mithilfe einer entsprechenden Software intelligente Entscheidungen treffen können und somit autonom reagieren und agieren können.[24] Durch Vernetzung und Kommunikation verbinden CPS die virtuelle (cyber) mit der realen (physischen) Welt. Produktionssysteme als CPS können zum Beispiel einzelne Maschinen, Lagersysteme oder Betriebsmittel, die zur Produktion benötigt werden, sein.[25] Diese Objekte sind mit Sensoren, Aktoren und leistungsfähigen Kleinstcomputern ausgerüstet. Exemplarisch für einen Aktor wäre ein Greifarm oder eine Presse. Sie können dadurch selbstständig handeln und reagieren. Informationen aus ihrer Umwelt, wie zum Beispiel Temperaturen, werden mit Sensoren erfasst, digitalisiert und an den Kleinstcomputer zur Verarbeitung weitergeleitet. Das Ergebnis wird umgehend an die Aktoren weitergegeben. Die Folge ist die physikalische Einwirkung des Objekts auf seine Umwelt.[26] CPS agieren innerhalb selbstständig und dezentral aufgebauter Netzwerke und können sich dabei selbst optimieren sowie kombinieren. Ihre Fähigkeiten sind

---

[22] Vgl. ICV Ideenwerkstatt, 2015, S. 5-6.
[23] VDI/VDE Gesellschaft, 2013, S. 2
[24] Vgl. Scheer, 2016, S. 38.
[25] Vgl. ICV Ideenwerkstatt, 2015, S. 10.
[26] Vgl. Kagermann et al., 2013, S. 23.

eine der Voraussetzungen für die vorab beschriebene vertikale Integration von Produktionssystemen.[27]

Physische Systeme oder Objekte, die eine intelligente Komponente, wie zum Beispiel Sensoren oder Datenspeicher besitzen, werden als eingebettete Systeme bezeichnet. Diese sind bereits in großer Anzahl vorhanden und im Einsatz. Ein Airbag oder die Selbsteinparkfunktion eines Autos stellen zum Beispiel mehrere in sich geschlossene eingebettete Systeme dar, die untereinander Informationen austauschen und anhand ihrer Sensoren und Aktoren agieren können. Erst wenn die Möglichkeit besteht, weitere Informationen oder Daten aus externen Quellen durch Vernetzung oder das Internet einzubeziehen, spricht man von einem CPS. Eine intelligente Kreuzung, die mit ihren Ampeln den Verkehr auf Grund von Daten aus Staumeldungen steuert und anpasst, wäre ein Beispiel für ein entsprechendes CPS.

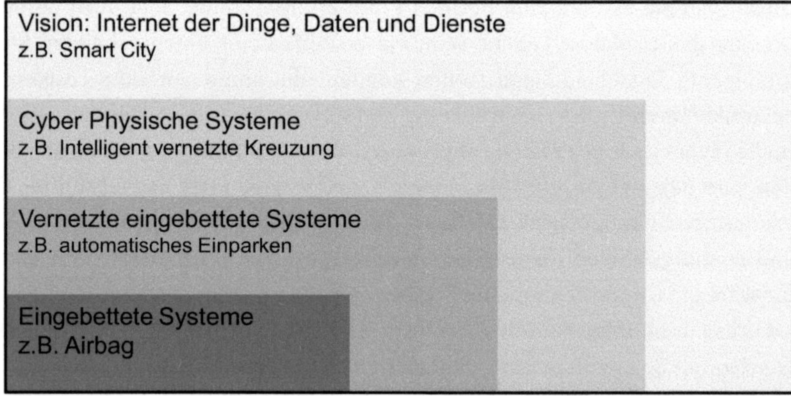

Abbildung 4: Entwicklungsstufen eingebetteter Systeme
[Quelle: acatech (Hrsg.), 2012, S. 21.]

Abbildung 4 zeigt die Entwicklung einfacher eingebetteter Systeme bis hin zur höchsten Stufe einer Smart City mit vernetzten Dingen, Daten und Diensten. CPS sind somit eine höher entwickelte Verbindung von eingebetteten sowie vernetzt eingebetteten Systemen. Die höchste Entwicklungsstufe stellt demnach das Internet der Dinge, Daten und Dienste in Form einer *Smart City* dar.[28]

---

[27] Vgl. Bauernhansl et al., 2014, S. 15 ff.

[28] Vgl. ICV Ideenwerkstatt, 2015, S. 10-11.

2.2.2 Internet of Things

Heutzutage werden Computer oft noch mit dem Risiko der Fehlerhaftigkeit manuell mit Hilfe der Tastatur oder eines Barcodescans mit Daten und Informationen aus der physischen Umgebung versorgt. Das *Internet of Things* (IoT) soll dafür sorgen, dass die Objekte selbstständig ihre Daten und Informationen teilen.

Möglich wird das IoT vor allem durch den technologischen Fortschritt bei gleichzeitigem Preisverfall im Bereich der Mikroelektronik. Sie stellt die benötigten Komponenten wie zum Beispiel Mikroprozessoren, Speichermodule oder Sensoren bereit, die sich unter anderem durch einen extrem niedrigen Energieverbrauch auszeichnen.[29]

Das IoT oder zu Deutsch das Internet der Dinge ist Bestandteil der voranschreitenden Digitalisierung und beschreibt im Wesentlichen das Netzwerk, in dem CPS und andere mit dem Internet verbundene Objekte miteinander kommunizieren können.[30]   Während früher sowohl im privaten, als auch im industriellen Bereich Systeme vorwiegend voneinander isoliert existierten und nur durch menschliches Zutun oder übergeordnete Steuerungssysteme miteinander in Verbindung gebracht werden konnten, ermöglicht das IoT die Vernetzung jedes beliebigen Gegenstandes (*Things*). Ermöglicht wird dies durch die zuvor beschriebenen CPS, die sowohl eine industrielle Maschine wie auch einen privaten Kühlschrank vernetzen und „intelligent" machen können. Dadurch wird sein Funktionsumfang derart größer, dass er zum Beispiel bemerkt, wenn die Milchtüte leer ist und daraufhin selbstständig neue Milch bestellt.[31]

Das IoT verdeutlicht das rasante Wachstum der Digitalisierung. So gab es schon im Jahr 2014 circa 200 Milliarden Objekte mit der technischen Möglichkeit der Vernetzung. Davon waren 14 Milliarden tatsächlich mit dem Netz verbunden. Für das Jahr 2020 schätzt man, dass die Anzahl aller Objekte auf 220 Milliarden ansteigen wird, von denen 35 Milliarden, eine Steigerung um mehr als 50%, aktiv mit dem Internet kommunizieren werden.[32]

---

[29] Vgl. Fleisch/Mattern, 2007, S. XIX-XX.
[30] Vgl. Obermaier 2016, S. 12.
[31] Vgl. König/Graf-Vlachy, 2016, S. 53-53.
[32] Vgl. EMC, 2014.

Die intelligente Vernetzung des IoT mittels CPS ermöglicht eine Vielzahl von neuen Anwendungsgebieten mit neuen Möglichkeiten im Bereich der Digitalisierung. Abbildung 5 stellt den Einflussbereich von Industrie 4.0 und die potenziellen Möglichkeiten der Vernetzung der Umwelt dar. Einige Anwendungsgebiete wie intelligente Gebäude (*Smart Home, Smart Building*) sind heute schon realisiert und dementsprechend einer breiten Öffentlichkeit bekannt. Sie bieten die Möglichkeit Hausfunktionen wie die Beheizung oder das Licht, automatisch oder aus der Entfernung, über das Internet zu steuern. Andere wichtige Gebiete, die aktuell durch das IoT entwickelt werden, sind intelligente Stromnetze (*Smart Grids*), Verkehrssysteme (*Smart Mobility*), Logistikanwendungen (*Smart Logistics*) aber auch Produkte (*Smart Products*).[33]

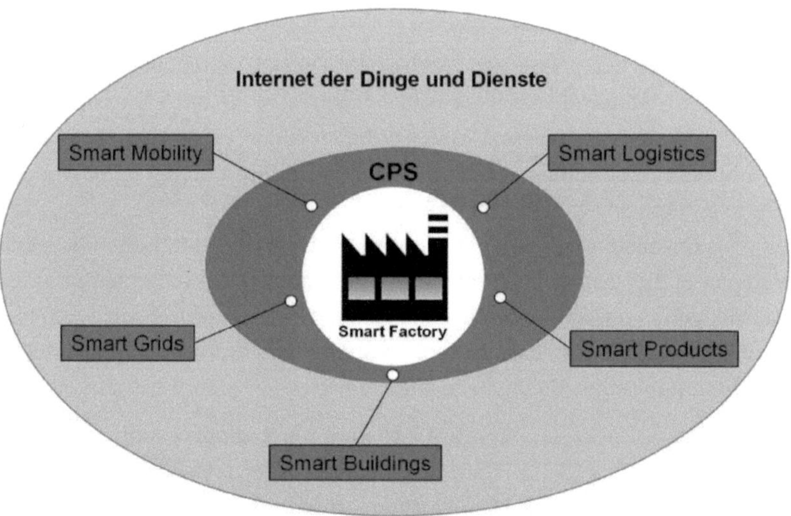

Abbildung 5: Industrie 4.0 und Anwendungsbereiche
[Quelle: Kagermann et al., 2013, S. 23]

Neben der industriellen Prozessoptimierung durch das IoT bietet der Ansatz von Industrie 4.0 zudem neue Möglichkeiten zur Weiterentwicklung und Optimierung im Servicebereich. Die Fähigkeiten intelligenter Objekte beziehungsweise intelligenter Produkte beschränken sich demnach nicht nur auf den Informationsaustausch, der zur Produktion oder zum Betrieb benötigt wird, sondern bieten dem

---

[33] Vgl. acatech, 2011, S. 10 ff.

Endkunden zusätzliche Funktionen über intelligente Dienstleistungen an. Das sogenannte *Internet of Services* (IoS) komplettiert so das IoT.[34]

Im IoT wird jedem realen Objekt ein virtuelles Abbild mit den vereinbarten Konventionen des Internets zugeordnet. Das bedeutet, dass jedem Objekt eine eigene IP-Adresse (Internet Protokoll) zugewiesen wird. Durch die mittlerweile eingeführte Form IPv6 stehen $3{,}6 \times 10^{38}$ unterschiedliche Adressen zur Verfügung. Technisch ist die Anzahl damit so gut wie nicht begrenzt und es wird bereits vom Internet of Everything (IoE) gesprochen.[35]

Dabei soll das IoE auf Bereiche wie zum Beispiel Gesundheit, Mobilität sowie Stromverbrauch in Städten positiv Einfluss nehmen können. Das IoE beschreibt die zukünftige Vision, in der nicht nur Fabriken, Autos und sonstige Gegenstände vernetzt sind, sondern alle existierenden Objekte und Gegenstände. Es handelt sich demzufolge um das Endprodukt aus IoT, IoS und weiteren CPS, zusammengefasst zum IoE.[36]

2.2.3 Big Data

Ein wesentliches Merkmal der Digitalisierung und somit auch von Industrie 4.0 ist die enorme Zunahme der Datenmenge, die zum Beispiel durch CPS und das IoT in Umlauf gebracht werden. Speziell im Bereich Industrie 4.0 ist es substanziell, dass wichtige Informationen nicht in der Datenflut verloren gehen. Ein Grundgedanke von Industrie 4.0 ist es, benötigte Informationen in Echtzeit abrufbar zu machen. Nur so ist es möglich ihr Potenzial durch gezielte Analyse und Strukturierung auszuschöpfen und für das Unternehmen einen Nutzen zu generieren. Um das zu gewährleisten, wird im Rahmen von Big Data *Big Data Analytics* zum Strukturieren und Verarbeiten der Datenmengen eingesetzt. Damit ist es möglich Auswertungen von sensorgenerierten, vernetzten und unstrukturierten Daten aus unterschiedlichen Quellen und aus verschiedenen Formaten durchzuführen. Innerhalb von Industrie 4.0 können diese Quellen zum Beispiel intelligente Sensoren an Maschinen und Werkstücken, mobile oder stationäre CPS oder auch klassische Unternehmensdaten, wie zum Beispiel Buchführungsdaten, sein.[37]

---

[34] Vgl. Kagermann et al. 2011, S. 2
[35] Vgl. Scheer, 2016, S. 36.
[36] Vgl. Sokolov, 2014.
[37] Vgl. Mehanna/Rabe, 2014, S. 70.

Diese Daten werden in einer großen Datenbank gesammelt, aufbereitet und zur weiteren Analyse bereitgestellt. Mit *Big Data Advanced Analytics* steht ein zusätzliches, leistungsfähiges Werkzeug mit weiterentwickelten Analysemethoden zur Verfügung. Es benutzt bei der Aufbereitung und spezifischen Analyse der Daten automatisierte Methoden. Damit können in Echtzeit Zusammenhänge, Muster und Bedeutungen unterschiedlich strukturierter Daten und ihrer jeweiligen Quellen erkannt werden. Es können Prognosen erstellt und eine aufklärende Auswertung der Daten vorgenommen werden.[38]

In der Theorie liegt Big Data nur dann vor, wenn vier verschiedene Eigenschaften über Art und Qualität der Daten vorhanden sind, die sogenannten vier „V's". Die Definition besagt zum einen, dass das Datenvolumen (*Volume*) eine bestimmte Menge überschreiten muss und weiterhin stetig anwächst. Zum anderen muss eine große Datenvielfalt (*Variety*) aus unterschiedlichen Quellen in verschiedenen Datenformaten vorliegen. Eine weitere Eigenschaft von Big Data ist die Geschwindigkeit (*Velocity*), in der die Datenmengen übertragen und ausgewertet werden sollen. Da die Abfrage und Auswertung größtenteils in Echtzeit erfolgen soll, muss eine hohe Geschwindigkeit vorausgesetzt werden. Die letzte Eigenschaft bezieht sich auf die Qualität und Verlässlichkeit (*Veracity*) der Daten und Informationen. Nur wenn diese absolut vollständig, richtig und verlässlich sind, dürfen sie verwendet werden. Die Verbindung der vier „V's" mit *Big Data Analytics* führt letztendlich zu Big Data.[39]

Um den Einsatz von Big Data zu begleiten, bedarf es neuer Fähigkeiten und Kompetenzen der zuständigen Mitarbeiter. Sie werden vor allem durch eine IT-nahe Ausbildung und dementsprechendes Verständnis der Materie erreicht. Die Aufgabe ist es dabei vor allem auf Anfragen des Managements zeitnah neue und kreative IT-Anwendungen und Auswertungen zu erstellen. Um bei Entscheidungen zu unterstützen, müssen auf Basis der Daten Modelle und Strukturen definiert werden, die zur Erstellung neuer Szenarien führen.[40]

Weiterhin müssen die Informationen mittels mathematisch-statistischen Verfahren ausgewertet und adressatengerecht verteilt werden. Diese neuen Anforderungen werden durch das Berufsbild eines sogenannten *Data Scientist* erfüllt. Er

---

[38] Vgl. BITKOM, 2014, S. 13.

[39] Vgl. Köhler/Meir-Huber, 2014, S. 17.

[40] Vgl. Grönke/Heimel, 2015, S. 246-247.

ist ähnlich wie der Controller ein Partner des Managements und arbeitet eng mit diesem zusammen. Um seine Aufgaben erfüllen zu können, ist ein universelles Wissen über alle Geschäftsprozesse und das Umfeld des Unternehmens nötig.[41]

Big Data wird in Ansätzen heutzutage bereits in einigen Unternehmen erfolgreich eingesetzt. Zum Beispiel bietet der Softwareanbieter SAP seine Plattform SAP S/4 HANA an, auf der Daten und Informationen vereinfacht dargestellt werden. Damit können betriebswirtschaftliche Prozesse und Organisationen verbessert werden. Das „S" im Namen der Plattform steht dabei für *simple* beziehungsweise einfach.[42]

2.2.4 Die Fabrik und Produktion der Zukunft

Der Begriff *Smart Factory* beziehungsweise zu Deutsch „Intelligente Fabrik" beschreibt den wirtschaftlichen Einsatz von IoT, CPS und Big Data. Er stellt die Vision einer Produktion unter Einsatz von Industrie 4.0 dar. In ihr werden die Produktionsschritte nicht mehr wie bisher statisch hintereinander angeordnet sein, sondern können durch einen flexiblen Datenaustausch untereinander nach Bedarf eingesetzt werden.[43]   Wichtiges Merkmal ist dabei, dass der Informationsaustausch sowohl in der horizontalen Wertschöpfungskette sowie in den vertikal angeordneten betriebswirtschaftlichen Prozessen immer in Echtzeit stattfindet. Die Folge sind Transparenz und Nachverfolgbarkeit aller durchgeführten Produktionsschritte und aller während des Produktionsprozesses, sowohl von maschineller, als auch von menschlicher Seite aus, getroffenen Entscheidungen. Darüber hinaus ist es möglich in Echtzeit Einfluss auf die Abläufe der „Intelligenten Fabrik" zu nehmen, um diese, wenn es nötig ist, direkt zu steuern. Dies gilt sowohl für die produktionstechnischen als auch für die betriebswirtschaftlichen Bereiche.[44]

Auch das Produktionsmaterial ist mit geeigneten Datenträgern ausgestattet. Sie enthalten Informationen über Identität, Material und notwendige Fertigungsschritte und -qualität. Mit dem Einsatz von zum Beispiel der *Radio Frequence Identification* Technologie (RFID) werden diese Daten berührungslos ausgelesen und an das CPS der Produktion weitergeleitet. Mit diesen Informationen werden die notwendigen Produktionsschritte und Prüfschritte automatisch veranlasst

---

[41] Vgl. Grönke/Heimel, 2015, S. 246-247.

[42] Vgl. Linsner, 2015, S. 74-76.

[43] Vgl. Kagermann et al. 2013, S. 35 f.

[44] Vgl. Kagermann et al. 2013, S. 20.

und verfolgt. Das intelligente Produkt findet somit selbstständig seinen Weg durch die Fertigung. Kapazitätsbedarf und Kapazitätsangebot werden selbstständig durch die CPS abgeglichen.

Der selbstständige Datenaustausch und die daraus resultierende Automation bewirken ein angemessenes und effizientes Vorgehen bei Verschleiß oder Ausfall eines CPS. Bei einem Ausfall wird die jeweilige Aufgabe von einem anderen CPS übernommen und der Materialfluss angepasst. Einer Maschine mit bereits abgenutzten Werkzeugen werden nur noch Materialien zugeordnet, für deren Bearbeitung der Werkzeugzustand noch ausreichend ist. Vollautomatisch führt die Selbstorganisation zur Selbstoptimierung.[45] Im Gegensatz zu der heute noch gängigen Produktionsart mit geringer Automation und Digitalisierung, bei der Störungen mit langen Stillstandzeiten hohe Kosten verursachen, entwickelt sich die Wertschöpfungskette unter Industrie 4.0 zu einer zuverlässigen Produktion mit niedrigen Ausfallkosten.[46]

Die beschriebene Selbstständigkeit und Organisation der gesamten Wertschöpfungskette führen in der *Smart Factory* dazu, dass Eingriffe von menschlicher Seite aus weniger notwendig werden. Die Produktion wird dezentraler. Da, wo vorher jede kleinere Störung direkt zu einer Planabweichung führte, können nun die Planungen in Echtzeit überwacht und notfalls im laufenden Prozess angepasst werden. Die Entwicklung der letzten Jahre zeigt einen deutlichen Wandel weg von den anfänglich zentralen Produktionsstätten, in der die von der Produktionsplanung detaillierten Arbeitsaufträge abgearbeitet wurden, hin zu vorwiegend dezentral gegliederten und autonom gesteuerten Fabrikeinheiten. Die vollautomatisierte Steuerung und Produktion folgt dieser Entwicklung.[47]

2.3 Mögliche Herausforderungen für Unternehmen und Ausblick auf entstehende Chancen und Risiken

Für rund 15 Millionen Arbeitsplätze hat die Entwicklung und Innovation in der produzierenden Wirtschaft direkte oder indirekte Auswirkung. Durch die Digitalisierung von Industrie und Wirtschaft verändert sich nicht nur der Wertschöpfungsprozess von Produkten und die Wirtschaftlichkeit von Unternehmen. Viel-

---

[45] Vgl. Scheer, 2016, S. 38-39.
[46] Vgl. Gleich et al., 2016, S. 29-30.
[47] Vgl. Scheer, 2016, S. 38.

mehr bietet Industrie 4.0 gänzlich neue Geschäftsmodelle und attraktive Geschäftsfelder für Unternehmen, sowie eine veränderte Arbeitsgestaltung und neue Perspektiven für Arbeitnehmer.[48]   Entgegen den im Zusammenhang mit der Digitalisierung aufkommenden Befürchtungen, soll die menschliche Arbeitskraft unter Industrie 4.0 nicht ersetzt werden. Der Mensch wird ein wesentlicher Bestandteil des Netzwerkes bleiben, weil nicht alle Prozesse automatisiert werden können und da Entscheidungen zu treffen sind, die die Maschine nicht übernehmen kann.[49]

2.3.1 Herausforderungen für Unternehmen

Die bisher wohl größte Herausforderung für die erfolgreiche Implementierung von Industrie 4.0 ist keinesfalls, wie man vielleicht vermuten würde, technologisch bedingt, sondern sie besteht aus der fehlenden Bereitschaft der meisten Unternehmen, in diese neuartigen Technologien zu investieren und somit die Entwicklung voran zu treiben. Die Einführung von Industrie 4.0 erfordert erhebliche Investitionskosten für neue Anlagen, Forschung und Entwicklung sowie Fortbildung und Weiterbildung der Mitarbeiter. Da der wirtschaftliche Nutzen dieser hohen Aufwendungen bisher nur schwer nachzuweisen ist, ist es durchaus nachvollziehbar, dass das Interesse der Unternehmen diesem Projekt gegenüber eher verhalten ist. Um Klarheit zu schaffen, ist es nötig die wesentlichen Nutzenpotenziale von Industrie 4.0 aufzudecken und rechenbar zu machen. Nur so wird man die notwendige Bereitschaft der Unternehmen erreichen, sich mit Industrie 4.0 auseinanderzusetzen und in diese Technologie zu investieren.

Eine weitere Herausforderung, die für eine erfolgreiche Einführung von Industrie 4.0 bewältigt werden muss, ist der Ausbau leistungsfähiger Datennetze in Deutschland. Die aktuelle Netzinfrastruktur ist nicht sicher genug und zu schwach, um die durch den flächendeckenden Einsatz von IoT und CPS in Umlauf gebrachten Daten aufzunehmen und zu transportieren. Eine industrielle Breitbandinfrastruktur mit hoher Qualität und Ausfallsicherheit sowie mit garantierten Latenzzeiten ist Voraussetzung für den Erfolg von Industrie 4.0.[50]

---

[48]   Vgl. BMWI: Plattform-I4.0: Hintergrund zur Plattform Industrie 4.0.

[49]   Vgl. Gleich et al., 2016, S. 25.

[50]   Vgl. Kagermann et al., 2013, S. 40.

2.3.2 Chancen und Risiken von Industrie 4.0

Industrie 4.0 bietet den deutschen Unternehmen in vielerlei Hinsichten große Potenziale und die Chance, an der Entwicklung und Gestaltung der Digitalisierung aktiv mitzuwirken. Neben den bereits beschriebenen Umsatzsteigerungen, effizienteren Wertschöpfungsketten und niedrigeren Produktionskosten sind dies vor allem attraktive neue Geschäftsfelder.[51]   Die angesprochenen Potenziale bieten sich nicht nur dem jeweiligen Industrie 4.0-Nutzer, sondern auch dem Standort Deutschland als Industrie 4.0-Experte und Technologieexporteur.[52]

Die Einführung von Industrie 4.0 bietet nicht nur Chancen, sondern birgt auch einige nicht zu vernachlässigende Risiken. Eines davon, welches oft im Zusammenhang mit der Digitalisierung angesprochen wird, ist der geforderte und dringend benötige Datenschutz. Es muss verhindert werden, dass sensible Unternehmensdaten nicht verloren gehen oder von unbefugten Dritten eingesehen werden können. Hinzu kommen Maßnahmen zum Schutz der firmeninternen Netzwerke vor Angriffen aus dem Internet. Angriffspunkte für unrechtmäßigen Zugang entstehen durch die vielen Schnittstellen innerhalb der weltweiten Vernetzung. Es ist davon auszugehen, dass Unbekannte regelmäßig versuchen werden Firmennetzwerke zu kompromittieren. Industriespionage kann zum Verlust von Knowhow und Wettbewerbsvorteilen mit wirtschaftlich negativen Folgen für das Unternehmen führen. Sabotage kann kostspielige Produktionsausfälle verursachen und die Sicherheit der Mitarbeiter im Unternehmen gefährden. Ein Angriff auf die von CPS in unternehmenseigenen Netzwerkspeichern abgelegten Daten und deren Verlust kann zu einem Totalausfall der von diesen Daten abhängigen Produktion führen. Ein entsprechender Schutz der Netzwerke, Schnittstellen und der jeweiligen Firmennetzwerke ist daher äußerst wichtig und stellt eine wesentliche Voraussetzung für die Implementierung von Industrie 4.0 dar.

Der Datenschutz betrifft aber nicht nur sensible Unternehmensdaten, sondern auch solche von Mitarbeitern. Vor allem Mitarbeiter und Gewerkschaften wehren sich gegen eine umfassende Aufzeichnung und Speicherung von personenbezogenen Daten. Das Konzept von Industrie 4.0 sieht das aber als eine grundlegende Funktion vor. Zusätzliche personenbezogene Daten, die im Betrieb anfallen, werden digitalisiert, analysiert und gespeichert. So werden laufend Aufenthaltsdaten,

---

[51] Vgl. BMBF.

[52] Vgl. Kelkar/Heger, 2014, S. 10.

Bewegungs- oder Nutzungsprofile der betroffenen Mitarbeiter vom System aufgezeichnet und gespeichert. Es besteht Handlungsbedarf sowohl bei der Politik als auch bei den Unternehmen selbst. Sie müssen gemeinsam adäquate Vorkehrungen gegen einen Datenmissbrauch ergreifen.[53]   Nach der NSA-Affäre ist man sich allgemein einig, dass das Eindringen in die Privatsphäre nicht mehr nur Angelegenheit von Nachrichten- und Geheimdiensten ist, sondern auch den Unternehmen ethisch bedingte Fragen stellt und sie in die Verantwortung nimmt, gewissenhaft mit personenbezogenen Informationen umzugehen.[54]

Erst wenn diese Herausforderungen und Risiken entsprechend angenommen und beachtet werden, kann sich Industrie 4.0 umfassend in Deutschland etablieren und entwickeln.

---

[53] Vgl. Fallenbeck/Eckert, 2014, S. 397 ff.
[54] Vgl. ICV Ideenwerkstatt, 2014, S. 22.

3 Controlling im Zeitalter von Industrie 4.0 und voranschreitender Digitalisierung

Durch die Einführung von Industrie 4.0 kommt es zu wesentlichen Veränderungen in allen Bereichen eines Unternehmens und seiner gesamten Wertschöpfungskette. Wie bereits beschrieben, hat dies nicht nur Auswirkungen auf den horizontalen Wertschöpfungsprozess, sondern auch auf die vertikale betriebswirtschaftlich geprägte Organisation eines Unternehmens.

Industrie 4.0 hat sich mittlerweile als Oberbegriff für die digitale Revolution im deutschsprachigen Raum eingebürgert. Untergeordnete Bereiche werden demnach ebenfalls mit dem Kürzel „4.0" versehen, um auf die Digitalisierung durch Industrie 4.0 und den jeweiligen Bezug aufmerksam zu machen. So entstehen neue Begriffe wie zum Beispiel Marketing 4.0, Logistik 4.0 oder auch Controlling 4.0. Jeder dieser Bereiche verändert und entwickelt sich auf seine eigene Weise in Bezug auf die Digitalisierung. Im Folgenden wird sich speziell mit dem Thema Controlling 4.0 und den jeweiligen Veränderungen und Herausforderungen auseinandergesetzt.[55] Diese sind im Wesentlichen die Innovationen durch die Digitalisierung der bereits bekannten und genutzten sowie der Erschließung neuer bisher unerreichbarer Datenquellen, jeweils in Verbindung mit neuen Analysemethoden.[56]

Um den Einfluss auf das Controlling zu erklären, wird zuerst eine kurze Definition des klassischen Controllings, seinen Funktionen sowie der gebräuchlichen Controllinginstrumente gegeben. Sie bildet die Grundlage und Orientierung, um im weiteren Verlauf Veränderungen und Eigenschaften von Controlling 4.0 darzustellen.

Der Autor Peter Horváth beschreibt Controlling als ein der Unternehmensführung untergeordnetes System, das mittels Planung, Kontrolle sowie entsprechender Informationsversorgung das Gesamtsystem koordiniert und somit die Unternehmensführung unterstützt und zum nachhaltigen Erfolg der gesamten Unternehmung beiträgt.[57]

---

[55] Vgl. Losbichler, 2016, S. 45

[56] Vgl. Becker et al., 2016, S. 99.

[57] Vgl. Horváth, 2002, S. 141.

Nach dem Controller Leitbild der *International Group of Controlling (IGC)* setzt sich das Controlling dabei mit den folgenden Aufgaben auseinander: Weitreichende Unterstützung des Unternehmens bei den Managementprozessen, Zielfindung und Planung. Analyse der sowohl momentanen als auch zukünftigen Chancen und Risiken, Koordination und Zusammenführung der Ziele und Pläne aller Unternehmensbereiche zu einem großen gemeinsamen Ziel. Definition und Verfolgung von Kennzahlen, Sicherstellen der Qualität von Daten und Informationen. Ziel jeder einzelnen Aufgabe des Controllings ist es, den betriebswirtschaftlichen Erfolg des Unternehmens zu gewährleisten und diesen nachhaltig zu verfolgen.[58]

Controller erwarten, dass die Einführung von Industrie 4.0 große Veränderungen im Controlling mit sich bringen wird. Zurzeit gibt es viele offene Fragen, wie sich die Entwicklung hin zu Controlling 4.0 auf die Arbeit und die Position der Controller auswirkt. Wie diese Veränderungen dabei im Detail aussehen werden, ist unter Controllern bisher umstritten. Es gibt Befürchtungen, dass das Berufsbild des Controllers durch intelligente Systeme, eingeführt durch Industrie 4.0, abgewertet oder sogar ersetzt werden kann. Auf der anderen Seite wird spekuliert, dass durch die Datenmengen und die neuen Analysemöglichkeiten, neue Informationsbedürfnisse entstehen, die befriedigt werden müssen.

Dem gegenüber stehen neutrale Stimmen, die erwarten, dass die Digitalisierung der Geschäftswelt keine wesentliche Auswirkung auf die vorhandenen Controllinginstrumente und den Beruf des Controllers haben wird.[59]

3.1 Reform des klassischen Controllingwirkungskreises und seiner Aufgaben: Controlling im Umbruch

Es ist nicht das erste Mal, dass das Unternehmens-Controlling auf große technologische Umbrüche reagieren muss. Bereits zur Jahrtausendwende, als die ersten Anzeichen von Digitalisierung und Internet mit seinen vielfältigen Möglichkeiten aufkamen, war sehr schnell auch von „e-business" und „e-controlling" die Rede. Ähnlich verhält es sich mit der Einführung von Controlling 4.0. Trotz großer Veränderungen, die Industrie 4.0 auf das Controlling haben wird, werden die Grundlagen, Vorgehensweisen und Modelle im Wesentlichen weiterhin Bestand haben. Gänzlich neue Controllinginstrumente sind zurzeit nicht absehbar. Um der Kom-

---

[58] Vgl. IGC, 2013.
[59] Vgl. Losbichler, 2016, S. 45

plexität von Industrie 4.0 gerecht zu werden, werden kleine Veränderungen und Anpassungen an die neuen Gegebenheiten notwendig sein.

<table>
<tr><td>Planung:</td><td>– Strategische Planung
– Operative Planung, Budget
– Forecasts</td></tr>
<tr><td>Reporting:</td><td>– Schnelle Schlüssel-Kennzahlen
– Monats-, Quartalsberichte
– Sonderauswertung</td></tr>
<tr><td>Entscheidungs-
unterstützung:</td><td>– Entscheidungsorientierte Kostenrechnung
– Investitionsrechnung</td></tr>
</table>

Abbildung 6: Etabliertes Standardset von Controllinginstrumenten
[Quelle: In Anlehnung an Losbichler, 2016, S. 46-47]

In der Vergangenheit hat sich in nationalen und internationalen Unternehmen unterschiedlicher Größen und Branchen im Controlling ein gewisser Standard von Prozessen und Instrumenten, wie in Abbildung 6 dargestellt, durchgesetzt. Trotz einiger großer Umbrüche in Produktion und betriebswirtschaftlichen Bereichen, haben sie bis heute weitestgehend bestand. Im Jahr 1990 war die mittlerweile international eingesetzte *Balanced Scorecard (BSC)* die letzte Einführung eines „neuen" Controllinginstrumentes.[60]

Fehlende neue Grundlagen und Instrumente dürfen nicht den falschen Eindruck erwecken, dass das moderne Controlling mit antiquierten Werkzeugen arbeitet. Die heutigen Werkzeuge sind die bewährten weitestgehend ausgereiften und grundlegenden Instrumente, die sich im Laufe der Zeit permanent an neue Gegebenheiten und Herausforderungen anpassen ließen. Damit wurden die Aktualität und der Fortschritt mittels ständiger Anpassung erreicht.[61]

---

[60] Vgl. Losbichler, 2016, S. 46-47.
[61] Vgl. Losbichler, 2016, S. 47-48.

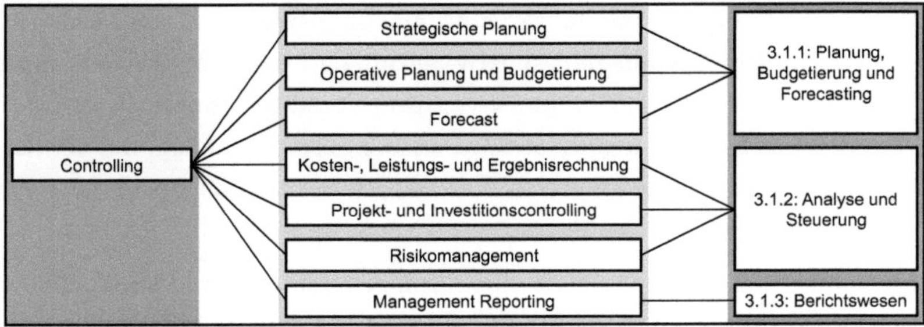

Abbildung 7: Die Controlling-Hauptprozesse (mit Kapitelangabe)
[Quelle: In Anlehnung an IGC (Hrsg.), 2011, S. 21]

In Abbildung 7 beschreibt die IGC in einem weiteren Leitbild die wesentlichen Controlling-Hauptprozesse. Diese sind die strategische und operative Planung, der Forecast, die Kosten-, Leistungs- und Ergebnisrechnung, das Management Reporting, Projekt- und Investitionscontrolling sowie das Risikomanagement.

Im folgenden Abschnitt werden mögliche Veränderungen und notwendige Anpassungen dieser Controlling-Hauptprozesse durch den Einfluss von Industrie 4.0 dargestellt. Zur besseren Übersichtlichkeit werden einzelne Hauptprozesse zusammengefasst und gemeinsam unter einer Überschrift beschrieben. Abbildung 7 zeigt die Einordnung der Hauptprozesse in die jeweiligen Unterkapitel.

3.1.1.1 Planung, Budgetierung und Forecasting

Einer Umfrage unter Controllern aus dem Jahr 2015 zufolge, wird Industrie 4.0 alle Controlling-Hauptprozesse auf unbestimmte Art und Weise beeinflussen. Der größte Einfluss wird demnach aber bei dem *Forecasting* beziehungsweise der betriebswirtschaftlichen Prognose erwartet.[62] Forecasts sind Vorhersagen der Entwicklung eines Unternehmens und seiner Kennzahlen auf Basis eines Plan-Ist-Vergleichs, der um eine Plan-Ist-Vorhersage erweitert wird. Damit kann bei zukünftigen Abweichungen zeitnah gegengesteuert werden.[63] Durch Industrie 4.0 gibt es durch Big Data und neue Analysesoftware einen starken Zuwachs von Daten und Informationen. Sie ermöglichen in Verbindung mit Vorhersageanalysemodellen, dass die Treffsicherheit von Forecasts und Prognosen wesentlich höher ist, als es bisher mit weniger Daten mit geringerer Aktualität möglich war. Fo-

---

[62]   Vgl. ICV Ideenwerkstatt, 2015, S. 35.

[63]   Vgl. Schröder, 2000, S. 174-175.

recasts, die durch sogenannte *Predictive-Analytics-Models* erstellt werden können, werden somit in Zukunft retrospektiv getroffene Prognosen ablösen und ergänzen.[64] *Predictive Analytics* ist eines von drei Verfahren innerhalb von *Advanced Analytics*.[65] Es hat die Aufgabe, Strukturen und Zusammenhänge auf der Basis von Big Data zu erstellen und dadurch Einflussfaktoren zeitnah zu erkennen und vorherzusagen.

Nur damit sind die Forderungen aus flexibler Nachfrage und Kundenindividualisierung zu erfüllen. Das hat zur Folge, dass die Planung und Budgetierung im Vergleich zum neuen Forecasting an Bedeutung verliert.[66]

Erfolgt die Aktualisierung des an das Management weiter gereichten Forecasts zu schnell, besteht die Gefahr der Überinterpretation, da aus kurzfristigen Schwankungen verkehrte Schlüsse gezogen werden können. Es ist die Aufgabe des Controllings, den geeigneten Zeitpunkt für die Veröffentlichung des Forecasts festzulegen.[67]

3.1.1.2 Analyse und Steuerung

Die Digitalisierung und Automatisierung der Wertschöpfungsprozesse führt gleichzeitig auch zu einer weitestgehend automatisierten Analyse der Betriebsdaten und Produktionssteuerung, mit wesentlich kürzeren Reaktionszeiten. Aktuell basiert die Unternehmenssteuerung überwiegend auf der Grundlage von sogenannten ex-post Daten, einer Beurteilung aus nachträglicher Sicht. Diese Methode der Steuerung soll zukünftig durch eine erkundende Real-Time-Optimierungsmethode ergänzt werden. Sie durchsucht anfallende Daten, unabhängig von Plan/Ist- oder Plan/Forecast-Abweichungen, nach Potenzialen zur weiteren Optimierung. Dadurch können innerhalb von Planungs- und Reportingzyklen automatisierte Steuerungsoptimierungen vorgenommen werden, mit denen weitere Produktivitäts- und Effizienzgewinne ermöglicht werden.[68]

Da Industrie 4.0 die gesamte Wertschöpfungskette beziehungsweise die vollständige *Supply Chain* eines Unternehmens einbezieht, umfasst die Analyse und Steu-

---

[64] Vgl. Kieninger et al., 2015, S. 6-7.

[65] Vgl. Bolt, 2015, S. 674.

[66] Vgl. Sauter et al., 2016, S. 153-154.

[67] Vgl. Becker et al., 2013, S. 61.

[68] Vgl. Kieninger et al., 2015, S. 6.

erungstätigkeit des Controllings nicht mehr nur das eigene Unternehmen, sondern auch die Umwelteinflüsse eines Unternehmens und seiner Partnerunternehmen. Dazu muss das Controlling auch unternehmensexterne Daten und Prozesse mit einbeziehen und in die internen Prozesse integrieren.[69]

Diese neuen Faktoren und Informationen haben auch Einfluss auf das Risikomanagement. Es ist für die rechtzeitige Erkennung und Bewertung von Risiken, innerhalb der Unternehmensprozesse, zuständig.[70] Da unter Industrie 4.0 auch die Bereiche außerhalb des Unternehmens entlang der *Supply Chain* in die Steuerung mit einbezogen werden, erweitert sich auch der Bereich des Risikomanagements auf diese externen Prozesse.[71]

Die Kostenrechnung und Kalkulation sind für die fortlaufende Erfassung und Gegenüberstellung der Kosten zuständig. Sie kalkulieren Preise und Erlöse eines Unternehmens und stellen Vergleiche an.[72] Auch hier werden Veränderungen der ursprünglichen Arbeitsweisen eintreten. Besonders die Standardkostenanalyse und die Kosten- und Ergebnisrechnung müssen an die neuen Gegebenheiten wie flexible Arbeitspläne und Fertigungsprozesse angepasst werden.[73]

Auch das Projekt- und Investitionscontrolling wird sich auf Industrie 4.0 einstellen müssen. Seine Aufgabe ist die Unterstützung des Projektmanagements und deren jeweiligen Projekte und Investitionsvorhaben. Dies erfolgt durch die Informationsbereitstellung von Qualitäts-, Zeit- und Kostenziele und die Begleitung aller Phasen, von der Planung bis zum Abschluss, von Projekten.[74]

Hinsichtlich des Einführungsprozesses von Industrie 4.0 muss das Projekt- und Investitionsmanagement dementsprechend vorbereitet werden, um die umfassenden Investitionsentscheidungen professionell begleiten zu können. Es muss vor allem in die Digitalisierung von Unternehmensprozessen und in neue oder angepasste Werkzeuge und Maschinen investiert werden.[75]

---

[69] Vgl. Kieninger et al., 2015, S. 7.

[70] Vgl. Jung, 2003, S. 367.

[71] Vgl. ICV Ideenwerkstatt, 2015, S. 32.

[72] Vgl. Jung, 2003, S. 57.

[73] Vgl. Sauter et al., 2016, S. 153.

[74] Vgl. IGC, 2011, S. 36.

[75] Vgl. Sauter et al., 2016, S. 154.

Nach der erfolgreichen Implementierung von Industrie 4.0 profitiert das Projekt- und Investitionscontrolling ebenfalls von der umfangreicheren Datenerfassung und Überwachung in Echtzeit. Investitionsentscheidungen können nun qualitativ hochwertiger, durch szenariobasierte Simulationen, unterstützt werden.[76]

3.1.1.3 Berichtswesen

Das Berichtswesen hat die Aufgabe, entstehende beziehungsweise aktuelle Informationen und Daten aus den Teilbereichen eines Unternehmens aufzuarbeiten, zusammenzuführen und zu Visualisieren. Empfänger von Berichten sind in den meisten Fällen Führungskräfte und das Management. Angepasst an die Funktion der Empfänger

sind die Informationen unterschiedlich verdichtet oder haben andere Schwerpunkte in verschiedener Sortierung.[77]

Auch im Berichtswesen wirkt sich das höhere Datenaufkommen, durch die Einbeziehung der kompletten *Supply Chain* über die Werksgrenzen hinaus, auf den Umfang der Berichte aus. Durch diese zusätzlichen externen Daten werden die Berichte informativer und bieten eine erweiterte Grundlage für Entscheidungen.

Big Data beeinflusst das Berichtswesen dahingehend, dass die Datenbereitstellung wesentlich beschleunigt wird. Die verbesserte Aktualität der Daten hat einen höheren Mehrwert für das Unternehmen. Für Teile des Reportings und für den Forecast führen bereitgestellte Daten zu mehr Aktualität und Flexibilität.[78]

Durch die schnellere Datenabfrage und die Automatisierung sowie dem sich daraus ergebendem geringeren Arbeitsaufwand für die Datenbeschaffung und Analyse, wird die allgemeine Erstellung von Forecasts und Berichten beschleunigt.[79]

Die Gestaltung, der Aufbau und die Beschaffenheit von Berichten wird sich zudem an die Digitalisierung und Industrie 4.0 anpassen müssen. Um die erhöhte Informationsvielfalt den jeweiligen Adressaten problemlos und verständlich präsentieren zu können, muss das Controlling in Zukunft verstärkt verdichtete Berichte erstellen. Das bedeutet auch, dass die Informationen und Daten verstärkt grafisch

---

[76] Vgl. Seiter et al., 2015, S. 471.
[77] Vgl. Horváth, 2000, S. 245.
[78] Vgl. Grönke et al., 2014, S. 69 f.
[79] Vgl. Kieninger et al., 2015, S. 6.

dargestellt oder in Textform präsentiert und weniger in Tabellenform berichtet werden.

Zusätzlich hat es den Vorteil, dass diese Informationen mobil und übersichtlich auch auf kleinen Displays wie zum Beispiel Smartphones oder Tablets angezeigt werden können.

Es ist absehbar, dass diese mobilen Endgeräte, durch die fortschreitende Digitalisierung, zukünftig verstärkt von den Mitarbeitern in den Unternehmen eingesetzt werden.[80]

3.2 Herausforderungen für das moderne Controlling

Durch die Einführung von Industrie 4.0 mit der Entstehung neuer Geschäftsmodelle und seiner globalen Vernetzung, erhöht sich die Komplexität auch innerhalb der Controllingprozesse. Um den sich daraus ergebenden Anforderungen gerecht werden zu können, bedarf es neuer Formen und Anpassungen der Werkzeuge auch im Controlling.[81]

3.2.1 Perspektiven für das operative Controlling

Das operative Controlling, welches sich primär mit der kurz- und mittelfristigen Planung und Kontrolle der Wertschöpfung eines Unternehmens beschäftigt, wird sich neuen Herausforderungen stellen müssen, die sich auf seine Stellung und seine Arbeit im Unternehmen sowohl positiv als auch negativ auswirken können. Dabei sind die Ziele, mit Hilfe neuer Erkenntnisse die Kosten zu senken und die Liquidität sicherzustellen sowie die Produktivität zu steigern. Ein weiterer Aufgabenbereich des operativen Controllings ist die Beschaffung und Auswertung von Daten des Rechnungswesens.[82]

Operative Bereiche wie zum Beispiel die Produktions- und Wertschöpfungsprozesse werden sich auf Grund der guten Verfügbarkeit und hohen Qualität von Echtzeitdaten, schneller und eloquenter steuern lassen. Auf Grund der gestiegenen Variabilität der Produktion und Wertschöpfung muss auch das Controlling flexibler agieren. Die Anforderung an eine hohe Variabilität der Produktion und

---

[80] Vgl. Losbichler, 2016, S. 56.

[81] Vgl. Gleich et al., 2016, S. 35.

[82] Vgl. Jung, 2003, S. 372.

Wertschöpfung entsteht vor allem durch die vermehrt individualisierbaren Produkte und Kundenwünsche. Das führt bei den gängigen Planungsprozessen zu hohem Mehraufwand mit der Gefahr einer geringeren Planungsqualität. Eine Anpassung dieser Prozesse an die Möglichkeiten der neuen Produktion unter Industrie 4.0 ist erforderlich. Damit stehen auch Analysen und Handlungsempfehlungen für das Management schneller zur Verfügung.[83]   Durch die hohe Flexibilität und die tief integrierten Systeme ist es möglich, noch im laufenden Produktionsprozess, vorübergehende Änderungen an der aktuellen Produktionsplanung und Steuerung vorzunehmen.[84]

Durch den hohen Automatisierungsgrad der Produktion ist eine manuelle Aufnahme von Daten aus dem laufenden Betrieb immer weniger möglich. Die zur Produktionssteuerung benötigten Informationen müssen jetzt direkt von den Sensoren und den CPS geliefert werden. Sie müssen qualitativ hochwertig sein und den Ablauf der Produktion exakt abbilden. Diese Daten sind die Grundlage für die Arbeit der Controller, für ihr Reportings, Analysen und Forecasts. Ihre erfolgreiche Interpretation setzt eine solide Kenntnis aller Prozesse im Unternehmen und eine gewisse Erfahrung voraus.[85]

Das operative Controlling wird, bedingt durch die automatisierten Wertschöpfungsprozesse, bei denen Eingriffe und Entscheidungen weniger vor Ort, sondern mehr zentral getroffen werden, an Bedeutung verlieren.[86]

3.2.2 Perspektiven für das strategische Controlling

Das strategische Controlling unterstützt die Unternehmensführung bei der langfristig orientierten Unternehmenssteuerung und Planung sowie bei einer nachhaltigen Zielsetzung. Die übergeordneten Ziele sind dabei die Sicherstellung des langfristigen Unternehmenserfolges und das Aufzeigen zukünftiger Chancen und Potenziale. Der strategische Planungsprozess reicht dabei von der Zielfindung bis hin zur konkreten Realisierung und Kontrolle.[87]

---

[83]   Vgl. Gleich et al., 2016, S. 35.

[84]   Vgl. ICV Ideenwerkstatt, 2015, S. 36.

[85]   Vgl. Weyer, 2008, S. 242.

[86]   Vgl. Lingnau/Brenning, 2015, S. 460.

[87]   Vgl. Reichmann, 1995, S. 409.

Bei der Planung und Vorbereitung zur Implementierung von Industrie 4.0 in einem Unternehmen wird das strategische Controlling eine wichtige Rolle einnehmen. Es ist eine unternehmensindividuelle Strategie auszuarbeiten, die alle möglichen Auswirkungen auf die vorhandenen Geschäftsmodelle untersucht und neue digitalisierte Geschäftsmodelle bewertet. Ziele, Kosten und Nutzen von Industrie 4.0 müssen unter Berücksichtigung etwaiger Risiken abgeschätzt und bestimmt werden. Des Weiteren gilt es auch den eigenen Bereich, das Controlling, nachhaltig auf die neuen Aufgaben und Problematiken durch zusätzliche Kompetenzen und Veränderungen vorzubereiten. Die Hinführung des Unternehmens zu Industrie 4.0 sollte neben dem Controlling auch von anderen betroffenen Unternehmensbereichen, im Rahmen einer soliden Projektorganisation, begleitet werden.[88]

Nach einer erfolgreichen Implementierung von Industrie 4.0 im Unternehmen stehen neue Daten- und Informationsquellen zur Verfügung. Diese beinhalten sowohl interne als auch externe Informationen über die *Supply Chain* und ihre Umwelt. Das strategische Controlling hat dadurch jetzt im Rahmen seiner strategischen Planung ebenfalls den Zugriff auf wesentlich umfangreichere und aktuellere Informationen, was eine nachhaltige Verbesserung der strategischen Prognosen und den daraus abgeleiteten Entscheidungen zur Folge hat. Dies wird zu einer nachhaltigen Stärkung der Position des strategischen Controllings im Unternehmen führen. Auf längere Sicht betrachtet wird es demzufolge eine starke, zentrale Rolle bei wesentlichen Entscheidungsprozessen zur nachhaltigen Ausrichtung und Zielsetzung einnehmen können.[89]

3.2.3 Umgang mit Big Data

Die durch Big Data gewonnene Informations- und Datenvielfalt ist eine wichtige Voraussetzung und damit größter Innovationspunkt für das Controlling 4.0. Da im klassischen Controlling ein beträchtlicher Arbeitsaufwand in die Informationsverarbeitung und Bereitstellung für Entscheider aufgewandt wird, werden zunehmend in vielen Controllingabteilungen neue Werkzeuge zur Datenanalyse eingesetzt. *Big Data Analytics* bieten dem Controlling die Chance, detailliertere In-

---

[88] Vgl. ICV Ideenwerkstatt, 2015, S. 40-44.
[89] Vgl. Gleich et al., 2016, S. 37.

formationen aus dem Unternehmen, seinen Kunden und seiner Umwelt zu generieren und daraus tragfähige Entscheidungsgrundlagen zu schaffen.[90]

Mit Big Data bieten sich dem Controlling innerhalb der Hauptprozesse und Aufgabenbereiche ergänzende und ganz neue Nutzenpotenziale. Preisentscheidungen können auf Grund besserer Nachfrageprognosen zuverlässiger getroffen und Fehlerprognosen genauer erstellt werden. Das Risikomanagement kann auf der Basis umfassender Informationen potenzielle Risiken besser abschätzen und bestimmen.[91]

Unter dem Begriff *Advanced Analytics* werden die Analyseverfahren und Technologien *Descriptive Analytics*, *Predictive Analytics* und *Prescriptive Analytics* zusammengefasst, die den vollen Nutzen von Big Data ermöglichen und damit das Unternehmen hinsichtlich der Entscheidungsalternativen unterstützen. Sie unterscheiden sich von klassischen Analyseverfahren dahingehend, dass ihre Bewertungen von einer bisher unbekannten Dimension und Ausführlichkeit der Analyse der gewonnenen Daten geprägt sind. Darüber hinaus versuchen sie jegliche Veränderungen, die Auswirkung auf die Geschäftsprozesse haben könnten sowie das Verhalten von Kunden zu analysieren und vorherzusagen. *Descriptive Analytics* untersucht unter Verwendung von vergangenheitsbezogenen Daten die Frage, was und warum ein Ereignis eingetreten ist. *Predictive Analytics* prognostiziert mithilfe der Analyse von historischen Daten und der Untersuchung von Abhängigkeiten untereinander, was in einem bestimmten zukünftigen Szenario passieren würde. Aufbauend auf diesen Ergebnissen versucht *Prescriptive Analytics* zu begründen, warum und wieso dieses zukünftige Ereignis eintreten wird und wie mögliche Handlungsalternativen bewertet werden können.[92]

Diese Verfahren betreffen sowohl interne Prozesse, wie zum Beispiel aus den Bereichen Produktion oder Logistik, als auch externe Prozesse, wie zum Beispiel Dienstleistungen am Kunden oder allgemeine Kundennachfragen. So werden mögliche Ursache-Wirkungsketten identifiziert und nutzbar gemacht. Dadurch bekommen diese Informationen einen Mehrwert.[93] Die Entwicklung führt dazu,

---

[90] Vgl. Horváth/Aschenbrücker, 2015, S. 46.

[91] Vgl. Schlüchtermann/Siebert, 2015, S. 463.

[92] Vgl. IBM, 2013, S. 3 ff.

[93] Vgl. ICV Ideenwerkstatt, 2014, S. 20.

dass Controller immer weniger mit der Zusammenstellung von Informationen beschäftigt sind, sondern verstärkt mit deren optimalen Verwendung.[94]

Die Menge an Daten, die gesammelt werden, muss sinnvoll sein und dementsprechend einen betriebswirtschaftlichen Nutzen haben. Bei der Implementierung von neuen Sensoren oder CPS ist es zum Beispiel nötig, den Zweck und den Informationsgehalt dieser Daten kritisch zu hinterfragen. Den Nutzen aufzuzeigen und zu bewerten sind ebenfalls Aufgaben des Controllings, in diesem Fall speziell des Produktionscontrollings. Entscheidend ist letztendlich die Qualität der erstellten Informationen.[95]

Zudem begünstigt Big Data eine durch das Controlling ständig erhobene Forderung nach Transparenz von einheitlichen Informationen entlang der gesamten Wertschöpfungskette.[96]

Der immense Anstieg der Datenvielfalt und die damit einhergehende Datenverfügbarkeit können aber auch nachteilig sein. Daten werden automatisch unternehmensübergreifend gesammelt und gespeichert. Dabei ist die Gefahr groß, dass sogenannte Datenfriedhöfe entstehen. Diese Ansammlungen von Daten lassen sich nicht mehr überblicken oder analysieren und verlieren damit den weiteren Nutzen für das Unternehmen. Es muss im Interesse des Controllings sein, sinnvolle Datenmodelle und Strukturen für die auflaufenden Daten zu konzipieren, um das ganze Potenzial von Big Data nutzen zu können.[97]

3.3 Ausblick und Entwicklung

Die bisherige Wahrnehmung des Zukunftsprojektes Industrie 4.0 und die allgemeine Berichterstattung zu der Digitalisierung der Geschäftswelt konzentrieren sich in den meisten Fällen verstärkt auf die enge Kooperation von Informatikern und Ingenieuren. Diese werden als die vorwiegend beteiligten Fachkräfte gesehen, die sich mit den Kernthematiken Datenübertragung und Softwareentwicklung sowie Maschinenbau und Sensorik beschäftigen. Dieser Eindruck entsteht überwiegend durch die Abhängigkeit von Industrie 4.0 von den neuen Technolo-

---

94 Vgl. Losbichler/Gänßlen, 2015, S. 308.
95 Vgl. Singh, 2015, S. 11.
96 Vgl. Losbichler/Gänßlen, 2015, S. 307
97 Vgl. Losbichler, 2016, S. 56.

gien beider Fachrichtungen, wie zum Beispiel IoT und CPS.[98]   In der Zwischenzeit ist die technologische Entwicklung bereits wesentlich weiter fortgeschritten als die betriebswirtschaftliche. Sie weist bereits erste Ergebnisse auf, wohingegen die betriebswirtschaftlichen Möglichkeiten des Controllings 4.0 derzeit noch nicht ausgeschöpft und vollständig erforscht sind und deswegen die Ergebnisse eher ungewiss sind. Zurzeit fehlt es noch an praktischen Erfahrungen und deren Dokumentationen hinsichtlich des betriebswirtschaftlichen Nutzens durch das Controlling.[99]

In der öffentlichen Wahrnehmung wird Industrie 4.0 als technisches Projekt gesehen, wobei der betriebswirtschaftliche Beitrag nicht minder wichtig ist und nicht unterschätzt werden darf. Auf Grund der wenig vorhandenen praktischen Erfahrung mit Controlling 4.0 und der daraus folgenden geringen Verfügbarkeit von begleitender Fachliteratur, wird es auch die Aufgabe des aktuellen Controllings und Rechnungswesens sein, in Kooperation mit Spezialisten anderer Bereiche, weitere Ansätze und Anleitungen für die Implementierung zu erarbeiten. Industrie 4.0 soll schließlich nicht nur Synonym für in Echtzeit stattfindende technische Lösungen, sondern viel mehr für in Echtzeit stattfindende technische sowie betriebswirtschaftlich tragende Prozesse sein.[100]

Die Einführung von Industrie 4.0 wird große Herausforderungen für das Controlling mit sich bringen, da ausreichende Kenntnisse und Erfahrungen über den Umgang mit Industrie 4.0 nicht vorhanden sind und der wirtschaftliche Nutzen bisher nur ansatzweise erforscht ist. Gerade für das Controlling besteht hierbei die Aufgabe, den Nutzen von Industrie 4.0 messbar zu machen. Die große Menge an Daten von neuen System-, Produkt- und Geschäftsmodellvarianten müssen durch das Controlling ausge- und bewertet werden.[101]

Durch die in Echtzeit stattfindende Datenverarbeitung und Ausgabe sowie verbesserte Prognoseberechnungen bekommen die Unternehmen die Gelegenheit, den Wechsel von einer bisher reaktiven zu einer proaktiven Steuerung voranzutreiben.[102]

---

[98] Vgl. Mertens, 2015, S. 454.

[99] Vgl. Schüchtermann/Siebert, 2015, S. 463.

[100] Vgl. Mertens, 2015, S. 454.

[101] Vgl. Gleich et al., 2016, S. 25.

[102] Vgl. Schlüchtermann/ Siebert, 2015, S.464.

Die bereits bestehenden grundlegenden Controllinginstrumente sind weitestgehend ausgereift und werden auch unter Industrie 4.0, wenn auch in erweiterter oder modifizierter Form, eingesetzt werden.[103]

Die Automatisierung und Standardisierung hingegen wird sich unterschiedlich auf das Controlling auswirken. Zum einen wird das Controlling durch selbstständige und automatisch ablaufende Prozesse entlastet, auf der anderen Seite kann dies dazu führen, dass der Personalbedarf des Controllings reduziert werden wird. Die Automatisierung und Standardisierung unter Controlling 4.0 wird weniger eine dezentrale Steuerung zulassen. Somit könnte auch das Controlling in einer einzelnen zentralen Einheit zusammengefasst werden, die das gesamte Unternehmen überwacht und steuert.[104]

---

[103] Vgl. Losbichler, 2016, S. 50.
[104] Vgl. Kieninger et al.,2015, S. 8

4 Aufgaben und Herausforderungen für den modernen Controller

Die Einführung von Industrie 4.0 erfordert auch von den Controllern eine veränderte Arbeitsweise in einem neuen Umfeld. Die neuen Analysemethoden und die Verfügbarkeit ständig aktualisierter Daten erfordern flexible Arbeitsweisen und ein gutes Verständnis der komplexen Prozesse. Die Ergebnisse und ihre Interpretation durch das Controlling sind Grundlage nicht nur des operativen, sondern auch des strategischen Erfolgs. Durch die Zunahme der damit verbundenen Verantwortung wird die Stellung des Controllings innerhalb der Unternehmen erheblich aufgewertet.[105]

4.1 Neue Anforderungen und Voraussetzungen für den Beruf des Controllers

Das Berufsbild des Controllers wird sich mit zunehmender Digitalisierung und der Einführung von Industrie 4.0, auf Grund der ansteigenden Komplexität der zu überwachenden Geschäftsprozesse und dadurch größeren Anforderungen, wandeln.[106]

Viele Controller sind der Meinung, dass sich unter dem Eindruck von Controlling 4.0, in Zukunft wenig an den grundlegenden Kompetenzen ihres Berufes ändern muss. Sie gehen davon aus, dass auch weiterhin eine gute Analysefähigkeit und fundierte Kenntnisse der Geschäftsprozesse, die wichtigsten Merkmale im Anforderungsprofil bleiben. Trotzdem muss man davon ausgehen, dass die Anforderungen in Zukunft nicht nur bei Analysefähigkeit und Prozesskenntnis steigen werden, sondern zusätzlich auch analytisches Denken, Kreativität und grundlegende Kenntnisse der eingesetzten Werkzeuge als Anforderungen aufgenommen werden.[107]

Während die Beschaffung und die Analyse der komplexen Datenmengen aus Big Data zukünftig überwiegend automatisch durchgeführt werden muss, wird die Diskussion und Interpretation der Ergebnisse zu einer der neuen Kernkompetenzen im Anforderungsprofil eines Controllers innerhalb von Controlling 4.0.[108]

---

[105] Vgl. Lingnau/Brenning, 2015, S. 460.

[106] Vgl. Gleich et al., 2016, S. 39-40.

[107] Vgl. ICV Ideenwerkstatt, 2015, S. 37-38.

[108] Vgl. Gleich et al., 2016, S. 36.

Bisher wurden im Controlling die benötigten Kennzahlen vor allem durch die Auswertung einer begrenzten Menge strukturierter Daten und Informationen gewonnen. In Zukunft muss durch die Erweiterung des Datenbestandes wie zum Beispiel aus Social Media oder Kundendaten, insbesondere während der Einführungsphase von Controlling 4.0, zusätzlich ein probierender Ansatz verfolgt werden, um neue zusätzliche Zusammenhänge oder Relationen zu erkennen und nutzbar zu machen. Die Beachtung der betriebswirtschaftlichen Aspekte im Zusammenspiel mit den Möglichkeiten der eingesetzten Datentechnik ist dabei von größter Bedeutung. Diese Anforderungen werden am ehesten von dem Aufgabenprofil eines sogenannten *Data Scientist* charakterisiert.[109]

Dabei muss der *Data Scientist* aber nicht gleichzeitig Controller sein und umgekehrt. Möglich wäre es auch den Aufgabenbereich eines Controllers mit Hilfe adäquater Qualifizierungsmaßnahmen so zu erweitern, dass er Aufgaben aus dem Profil eines *Data Scientist* übernehmen kann.[110] Die nötigen Voraussetzungen, die ein Controller erfüllen müsste, wären, wie bereits erwähnt, gute statistische und mathematische Analysekompetenzen, Modellierungsfähigkeiten und eine gewisse Affinität zum Mensch-Maschine-Dialog. Das bedeutet, dass tiefergehende IT-Kenntnisse vorhanden sein müssen. Die Kombination von Grundwissen im Bereich der betriebswirtschaftlichen Prozesse und entsprechend angelernte IT-Kenntnisse haben den Vorteil, dass das Unternehmen Ressourcen schonen und Controller variabler einsetzen kann.[111]

Die zusätzlichen Anforderungen an einen Controller in Controlling 4.0 lassen sich wie folgt zusammenfassen: neue und erweiterte Aufgaben in der Informationsgewinnung, Implementierung und Initiierung neuer Analyseinstrumente sowie Interpretation und Aufbereitung der Ergebnisse als Entscheidungsvorlage für das Management.[112] Darüber hinaus muss der Controller seine bisherigen Kompetenzen noch weiter stärken. Neben diesen technischen Qualifikationen erfordert das erweitere Aufgabenfeld ebenso ein hohes Maß an *Social Skills,* wie sie sich im

---

[109] Vgl. Schwab/Horváth, 2015, S. 672-673.

[110] Vgl. Schwab/Horváth, 2015, S. 672-673.

[111] Vgl. Grönke/Heimel, 2015, S. 247.

[112] Vgl. Kieninger et al.,2015, S.7.

Kommunikationsverhalten, Teamgeist, Kundenorientierung und Führungsverhalten ausdrücken.[113]

Zusätzlich zu dem neuen Aufgabenbereich eines *Data Scientist* entsteht das eines sogenannten *Business Analyst*, der vor allem während der Einführung von Big Data Prozessen tätig werden sollte. Er ist unter anderem als Projektleiter zuständig für die Umsetzung der vom Management vorgegebenen Strategien und Ziele zur Einführung von Big Data. In Abstimmung mit den Stakeholdern inner- und außerhalb des Unternehmens plant er die Methoden zur Datengewinnung und die Abgrenzung der Datenquellen, er begleitet den Prozess bis zur Anwendungsreife und übernimmt die Lösung auftretender Probleme. Im Rahmen einer soliden Projektorganisation berichtet er über den Fortschritt des Projekts. Dazu muss er geeignete Kennzahlen entwickeln, die den Fortschritt und das Kosten-Nutzen-Verhältnis der Maßnahme zeigen und die Akzeptanz der neuen Technologien durch das Unternehmen widerspiegeln sollen. Die notwendigen Kompetenzen für diese Aufgaben sind Projekterfahrung, ein tiefgreifendes Verständnis der branchentypischen Unternehmensstrukturen und Prozesse, sowie Kreativität und analytisches Denken. Voraussetzung für eine erfolgreiche Führung solcher Projekte sind neben guten IT-Kenntnissen und dem Verständnis der technischen und anwendungsspezifischen Möglichkeiten von Big Data auch *Social Skills* wie zum Beispiel Kommunikations- und Teamfähigkeit sowie Moderation.[114]

Die Aufgaben- und Kompetenzbereiche eines Data Scientist und eines Business Analyst überschneiden sich merklich mit denen eines Controllers. Wie zuvor beschrieben, besteht aber die Möglichkeit Kompetenzen des Controllers so zu erweitern, dass er die Aufgaben eines *Data Scientist* und eines *Business Analyst* mit übernehmen könnte. Voraussetzungen sind eine entsprechende Qualifikation der Mitarbeiter und eine dieses Vorhaben unterstützende Organisation der Controlling-Abteilung. Eine Abschätzung oder Vorhersage möglicher Entwicklungen durch die Einführung moderner Technologien unter Controlling 4.0 und den damit verbundenen neuen Arbeitsfeldern ist zurzeit auf Grund fehlender Erfahrung und verwertbarer Ergebnisse unsicher.

Auch die zukünftige Bedeutung eines *Data Scientist* oder eines *Business Analyst* innerhalb eines Unternehmens das Industrie 4.0 einführen möchte, lässt sich zur-

---

[113] Vgl. Gleich et al., 2013, S. 71.
[114] Vgl. Schmidt, 2013, S. 438 ff.

zeit nicht abschließend beurteilen. Sie wird im Wesentlichen von der Unternehmensgröße und der zur Verfügung stehenden Investitionsmittel abhängen. Es ist zu erwarten, dass vor allem kleinere und mittelständische Unternehmen, unter dem Zwang geringer Ressourcen, auf die beiden neuen Personalien verzichten werden. Besonders in diesen Fällen wird die Verantwortung zur rechtzeitigen Schließung drohender Kompetenzlücken durch die Weiterbildung zusätzlicher Qualifikation an das zuständige Controlling fallen.[115]

Bereits heute sind die Controller mit der Aufgabe konfrontiert zwar jegliche Information zu verarbeiten aber gleichzeitig dafür Sorge zu tragen, dass nur relevante Daten als Grundlage weiterer Entscheidungen vorgelegt werden. Die tägliche Herausforderung ist die Selektion und Verdichtung der Daten und die Art ihrer Präsentation. Diese Aufgabe wird in Zukunft mit rasant ansteigendem Datenvolumen noch schwieriger werden. So werden Controller im Sinne ihrer Funktion als Informationsversorger zusätzlich zur Analyse großer, innerhalb Big Data gesammelter Datenmengen und ihrer Auswertung auch dafür verantwortlich sein, durch übersichtliche Visualisierung relevanter konkreter Informationen einen möglichen *Information Overload* des Managements zu verhindern.[116]

4.2 Die Bedeutung des Controllers in Unternehmen im Zeitalter von Industrie 4.0

Die neuen Möglichkeiten zeitnah über den Status aller Geschäftsprozesse entlang der kompletten *Supply Chain* informiert zu sein und aus ständiger Analyse dieser Daten die Optimierung der Prozesse ableiten zu können, macht die Controlling-Abteilung zu einem wichtigen Business Partner des Managements.[117] Controller sind mit dem Controlling 4.0 in der Lage über die bisherigen Informationen und Analysen hinaus mit Hilfe größerer Datenmengen und deren schnelleren Verarbeitung proaktiv nicht nur Maßnahmen zur Optimierung der Produktion zu ergreifen, sondern auch das Forecasting von einer größeren Datenbasis aus zuverlässiger und treffsicherer durchzuführen.[118] Die Einbeziehung externer Daten und deren Analyse unterstützt das Management verstärkt auch bei der strategischen

---

[115] Vgl. ICV Ideenwerkstatt, 2014, S. 33.
[116] Vgl. Losbichler, 2016, S. 56.
[117] Vgl. Gschmack et al., 2015, S. 261.
[118] Vgl. Willmes et al., 2015, S. 261

Ausrichtung des Unternehmens. So wird eine gut arbeitende Controlling Abteilung unter Industrie 4.0 nicht nur zum Garanten des kurz- und mittelfristigen operativen wirtschaftlichen Erfolges sondern auch der strategischen Ausrichtung des Unternehmens.

Diese Ergebnisse sind nur durch die Anwendung erweiterter Kompetenzen im Bereich der Datentechnik mit ihren Datenbanken und Analyseprogrammen zu erreichen. Das Aufgabenfeld des Controllers rückt näher an die IT. Zugleich muss er aber auch betriebswirtschaftliche Zahlen und Zusammenhänge des Unternehmens im Detail verstehen und richtig interpretieren, um das Management kompetent beraten können. Die Rolle des Controllers wandelt sich damit vom reinen Informationslieferanten zum aktiven Berater des Topmanagements in allen Belangen der Unternehmensführung.[119]

Controller übernehmen gegenüber den Führungskräften und dem Management verstärkt die Funktion eines Business Partners, der sie bei anfallenden Entscheidungen berät und unterstützt.[120] Diese Funktion ist gekennzeichnet durch ein breites Wissens- und Erfahrungsspektrum sowohl im betriebswirtschaftlichen und finanztechnischen Belangen wie auch im Aufbau des Geschäftsmodells und seiner Prozesse. Im Wissen um die strategische Ausrichtung und der langfristigen Ziele wird er als Business Partner in der Beratung unterschiedliche Standpunkte einnehmen müssen, um aus Sicht der Gesamtperspektive das Unternehmen in die richtige Richtung zu steuern. Dabei kann er sowohl als Unterstützer die antreibende Rolle eines Innovators und Architekten wie auch als Gegenspieler und kritischer Betrachter eine bremsende Funktion einnehmen.[121]

Die Stellung des Controllers im Unternehmen gewinnt unter dem Eindruck von Industrie 4.0 an Bedeutung. Als Business Partner des Managements, haben Controller zukünftig die Möglichkeit, anstehende Entscheidungen noch gezielter und qualifizierter zu hinterfragen, vorzubereiten und zu unterstützen.

Erste Erfahrungen in dieser Funktion als Business Partner im Unternehmen hat das Controlling bereits bei der Implementierung des Green Controlling mit dem Thema Nachhaltigkeit machen können. Hierbei war ebenfalls ein vergleichbares

---

[119] Vgl. Gleich et al., 2016, S. 36.
[120] Vgl. ICV Ideenwerkstatt, 2015, S. 38.
[121] Vgl. ICV Ideenwerkstatt, 2014, S. 23.

umfassendes Wissen über das jeweilige Unternehmen und eine ähnliche, Unternehmensbereiche übergreifende, Vorgehensweise nötig.[122]

Die im vorherigen Unterkapitel vorgestellten Positionen eines Data Scientist und Business Analyst und ihre Aufgabenbereiche können auch zu einer Schwächung der Bedeutung von Controllern im Unternehmen führen, da sich der Wirkungskreis von allen drei Aufgabenprofilen stark überschneidet. Alle drei würden dem Management unter Umständen gleichberechtigt informativ und beratend zur Seite stehen. Um die Probleme, die daraus entstehen können, zu vermeiden, sollte sich der Controller die zusätzlichen Kompetenzbereiche von Data Scientist und Business Analyst durch Weiterbildung und Erweiterung der eigenen Kompetenzen aneignen. Nur so bleibt der Controller die *Single Source of Truth* und seine Bedeutung im Unternehmen beständig.[123]

---

[122] Vgl. ICV Ideenwerkstatt, 2014, S. 23.

[123] Vgl. ICV Ideenwerkstatt, 2014, S. 33.

5 Fazit und Ausblick

Der Hightech-Strategie der deutschen Bundesregierung folgend, soll Industrie 4.0 die Wettbewerbsfähigkeit der nationalen Volkswirtschaft erhalten und zukunftssicher machen. Dazu sind die Unternehmen aufgefordert, verstärkt in die neuen Techniken zu investieren. Die Verantwortung für die Schaffung der strukturellen Voraussetzungen, wie der Ausbau der Datennetze, obliegt den politischen Instanzen. Kurze Produktzyklen und kostengünstige kundenindividualisierte Produkte sowie flexible digitalisierte Geschäftsprozesse sollen für betriebswirtschaftlich tragende Ergebnisse sorgen.

Durch den Einsatz neuer Technologien unter anderem auch zur Informationsgewinnung, werden die Prozesse effizienter aber auch komplexer. Das erfordert in allen Bereichen des Unternehmens nicht nur neue angepasste Arbeitsweisen, sondern insbesondere zusätzliche Qualifikationen, die ein gestärktes datentechnisches Verständnis erreichen sollen.

Bei der Einführung von Industrie 4.0 nimmt das Controlling eine Schlüsselposition ein. Es sollte als Initiator den Projektrahmen definieren und den wirtschaftlichen Nutzen bestimmen. Basierend auf einer von ihr erstellten Kosten-Nutzenanalyse kann das Management über die Einführung entscheiden.

Von großer Bedeutung für das Controlling sind die Datenmengen, die strukturiert, ausgewertet und analysiert werden müssen, um ihr Potenzial zu nutzen. Informationsbeschaffung, Analyse und Auswertung waren seit jeher eine der Hauptaufgaben des Controllings. Die Ergebnisse ihrer Analysen waren Grundlage für Entscheidungen des Managements. Die neue Arbeit mit Big Data wird zur Herausforderung und hat Auswirkungen auf alle Hauptprozesse des Controllings. Bewährte Instrumente und Werkzeuge müssen an die neuen Anforderungen angepasst werden, Freiräume entstehen durch verstärkte Automation und geringerem Aufwand für Standardarbeiten. An der Schnittstelle zu Big Data entsteht für die automatisierte Verarbeitung und Analyse der Datenmengen der neue IT-nahe Aufgabenbereich des *Data Scientist*. Im Wandel zu Controlling 4.0 wird sich das Aufgabengebiet des Controllers mit dem des *Data Scientist* überschneiden. Um seine Stellung im Unternehmen zu stärken, sollte der Controller seine gewonnenen Freiräume mit neuen Aufgaben ausfüllen und versuchen, unterstützt durch qualifizierte Weiterbildungen, seinen Aufgabenbereich in den des *Data Scientist* auszuweiten. Damit wird das Controlling in seiner Position als Business Partner des Managements weiter an Bedeutung gewinnen.

Im Gegensatz zu den technischen Aspekten bei der Einführung von Industrie 4.0 gibt es zurzeit weit weniger Fachliteratur, die sich mit den Auswirkungen auf die Betriebswirtschaft befassen. Dies liegt vor allem an der noch fehlenden Praxiserfahrung und führt dazu, dass der tatsächliche Einfluss von Industrie 4.0 auf das Controlling nur schwer einzuschätzen ist und sich im Wesentlichen auf Prognosen stützt. Um den neuen Anforderungen gerecht zu werden und zusätzlich neue Aufgabenbereiche übernehmen zu können, ist es nötig, dass Controller in Zukunft schon während der Ausbildung wesentliche IT-Kenntnisse vermittelt bekommen. Als Grundlage für eine Einschätzung, ob die aktuellen Controllingabteilungen ausreichend Potential haben, den Wandel hin zu Controlling 4.0 erfolgreich zu begleiten, sollten empirische Untersuchungen den Ausbildungsstand von IT-Kenntnissen feststellen und gegebenenfalls geeignete Maßnahmen zur Verbesserung vorschlagen. Während die grundsätzlichen Veränderungen der technischen Prozesse oft als Revolution beschrieben werden, entspricht die Veränderungsgeschwindigkeit hin zu Controlling 4.0 eher einer Evolution der Prozesse im Controlling.

Literaturverzeichnis

acatech (Hrsg.): agendaCPS - Integrierte Forschungsagenda Cyber-Physical Systems, Heidelberg u.a. 2012.

acatech (Hrsg.): Cyber-Physical Systems – Innovationsmotor für Mobilität, Gesundheit, Energie und Produktion, Heidelberg u.a. 2011.

Bauernhansl, T./ ten Hompel M./ Vogel-Heuser B.: Industrie 4.0 in Produktion, Automatisierung und Logistik – Anwendung, Technologie, Migration, Wiesbaden 2014.

Becker, W./ Leyk, J./ Riemer, L.: Moderne Budgetierung – Dynamische Unternehmenssteuerung am Beispiel von Bayer Material-Science, in: Controller Magazin, 38. Jahrgang 2013, S. 58-61.

Becker, W./ Ulrich, P./ Botzkowski, T./ Eurich, S.: Controlling von Digitalisierungsprozessen – Veränderungstendenzen und empirische Erfahrungswerte aus dem Mittelstand, in: Obermaier, R. (Hrsg.), Industrie 4.0 als unternehmerische Gestaltungsaufgabe, 1. Auflage, Wiesbaden 2016, S. 97-118.

BITKOM (Hrsg.): Big-Data-Technologien – Wissen für Entscheider, Leitfaden, 2014, https://www.bitkom.org/noindex/Publikationen/2014/Leitfaden/Big-Data-Technologien-Wissen-fuer-Entscheider/140228-Big-Data-Technologien-Wissen-fuer-Entscheider.pdf [Stand: 28.02.2017].

BMBF (Hrsg.): Industrie 4.0, https://www.bmbf.de/de/zukunftsprojekt-industrie-4-0-848.html [Stand: 28.02.2017].

BMWI (Hrsg.): Plattform I4.0: Hintergrund zur Plattform Industrie 4.0, http://www.plattform-i40.de/I40/Navigation/DE/Plattform/Plattform-Industrie-40/plattform-industrie-40.html;jsessionid=A06A442E3BDFADCC571EBAA90E8FE299 [Stand: 28.02.2017].

BMWI (Hrsg.): Plattform I4.0: Was ist Industrie 4.0?, http://www.plattform-i40.de/I40/Navigation/DE/Industrie40/WasIndustrie40/was-ist-industrie-40.html [Stand: 28.02.2017].

Bolt, S.: Big Data Analytics – Controlling-Lexikon, in: Controlling – Zeitschrift für erfolgsorientierte Unternehmenssteuerung, 27. Jahrgang 2015, Heft 11, S. 674-675.

Brink, A.: Anfertigung wissenschaftlicher Arbeiten, 2. Auflage, München 2005.

EMC Germany GmbH (Hrsg.): Digitales Universum explodiert durch Sensordaten, 2014, https://germany.emc.com/about/news/press/2014/20140409-01.htm [Stand: 28.02.2017].

Fallenbeck, N./ Eckert, C.: IT-Sicherheit und Cloud Computing, in: Bauernhansl, T./ ten Hompel, M./ Vogel-Heuser, B.: Industrie 4.0 in Produktion, Automatisierung und Logistik, Wiesbaden 2014, S. 397-431.

Fleisch, E./ Mattern, F.: Zum Geleit, in: Bullinger, H.-J./Hompel, M. (Hrsg.): Internet der Dinge, Berlin Heidelberg New York 2007, S. XIX-XXII.

Gleich, R./ Göttling, A./ Lauber, A./ Overesch, A.: Erfolgskritische Kompetenzen von Controllern, in: Gleich, R. (Hrsg.): Controllingprozesse optimieren, 2013, S. 39-54.

Gleich, R./ Munck, Ch./ Schulze, M.: Industrie 4.0: Revolution oder Evolution? Grundlagen und Auswirkung auf das Controlling, in: Gleich, R./ Losbichler, H./ Zierhofer, R. (Hrsg.), Unternehmenssteuerung im Zeitalter von Industrie 4.0, 1. Auflage, S. 21-42, München 2016.

Grönke, K./ Heimel, J.: Big Data im CFO-Bereich – Kompetenzenanforderungen an den Controller, in: Controlling – Zeitschrift für erfolgsorientierte Unternehmenssteuerung, Heft 4/5, S. 242-248, 27. Jahrgang 2015.

Grönke, K./ Kirchmann, M./ Leyk, J.: Big Data – Auswirkung auf Instrumente und Organisation der Unternehmenssteuerung, in: Gleich, R./ Grönke, K./ Kirchmann, M./ Leyk, J. (Hrsg.): Controlling und Big Data, S. 47-62, 2014.

Horváth, P.: Controlling, München 2002.

Horváth, P.: Das Controllingkonzept: Der Weg zu einem wirkungsvollen Controllingkonzept, 4. Auflage,München 2000.

Horváth, P./ Aschenbrücker, A.: Der Data Scientist – neue Potenziale für den Controller?, in: Horváth, P./ Michel, U. (Hrsg.), Controlling im digitalen Zeitalter, S. 45-57, Stuttgart 2015.

IBM (Hrsg.), Descriptive, predictive, prescriptive: Transforming asset and facilities management with analytics, Oktober 2013, https://static.ibmserviceengage.com/TIW14162USEN.PDF [Stand: 28.02.2017].

ICV Ideenwerkstatt (Hrsg.): Industrie 4.0 - Controlling im Zeitalter der Vernetzung, 2015, https://www.icv-control-ling.com/fileadmin/Assets/Content/AK/Ideenwerkstatt/Files/Dream_Car_Industrie4.0_DE.pdf [Stand: 28.02.2017].

ICV Ideenwerkstatt (Hrsg.): Big Data - Potenzial für den Controller, 2014, https://www.icv-control-ling.com/fileadmin/Assets/Content/AK/Ideenwerkstatt/Files/ICV_Ideen werkstatt_DreamCar-Bericht_BigData.pdf [Stand: 28.02.2017].

IGC (Hrsg.): Controlling-Prozessmodell – Ein Leitfaden für die Beschreibung und Gestaltung von Controlling-Prozessen, 2011.

IGC (Hrsg.): Das Controller-Leitbild der IGC, 2008, https://www.igc-controlling.org/fileadmin/pdf/controller-de-2013.pdf [Stand: 28.02.2017].

Jung, H.: Controlling, München 2003.

Kagermann, H./ Wahlster, W./ Helbig, J.: Umsetzungsempfehlungen für das Zukunftsprojekt Industrie 4.0 – Abschlussbericht des Arbeitskreises Industrie 4.0, Frankfurt/Main 2013.

Kagermann, H./ Lukas, W.-D./ Wahlster, W.: Industrie 4.0: Mit dem Internet der Dinge auf dem Weg zur 4. industriellen Revolution, in: VDI Nachrichten (Hrsg.), Nr. 11 – 2011, Berlin 2011, https://pdfs.semanticscholar.org/5fbc/8571686c74516b4da38f6780c30f b31da2f0.pdf [Stand: 28.02.2017].

Kelker, O./ Heger, R.: Industrie 4.0? Eine Standortbestimmung der Automobil- und Fertigungsindustrie, Studie, Mieschke Hofmann und Partner (MHP) Gesellschaft für Management- und IT-Beratung mbh in Kooperation mit der ESB Business School, Reutlingen University, 2014.

Kieninger, M./ Mehanna, W./ Michel, U.: Auswirkungen der Digitalisierung auf die Unternehmenssteuerung, in: Horváth, P./ Michel, U. (Hrsg.), Controlling im digitalen Zeitalter, Stuttgart 2015, S. 3-13.

Köhler, M./ Meir-Huber, M.: #Big Data in #Austria – Österreichische Potenziale und Best Practise für Big Data, Wien 2014, https://www.bmvit.gv.at/service/publikationen/innovation/downloads/big_data_in_austria.pdf [Stand: 28.02.2017].

König, A./ Graf-Vlachy, L.: Industrie 4.0: Strategische Innovation durch Strategische Sensitivität, in: Obermaier, R. (Hrsg.), Industrie 4.0 als unternehmerische Gestaltungsaufgabe, 1. Auflage, Wiesbaden 2016, S. 53-67.

Lingnau, V./ Brenning, M.: Komplexität, Flexibilität und Unsicherheit – Konzeptionelle Herausforderungen für das Controlling durch Industrie 4.0, in: Controlling – Zeitschrift für erfolgsorientierte Unternehmenssteuerung, 27. Jahrgang 2015, Heft 8/9, S. 455-460.

Linsner, R.: Operative Unternehmenssteuerung verbessern mit SAP S/4 HANA?, in: Horváth, P./Michel, U. (Hrsg.), Controlling im digitalen Zeitalter, Stuttgart 2015, S. 71-84.

Losbichler, H.: Controlling 4.0: Muster des Wandels, in: Gleich, R./ Losbichler, H./ Zierhofer, R. (Hrsg.), Unternehmenssteuerung im Zeitalter von Industrie 4.0, 1. Auflage, München 2016, S. 43-60.

Losbichler, H./ Gänßlen, S.: Performance Measurement in Zeiten von Big Data, in: Controlling – Zeitschrift für erfolgsorientierte Unternehmenssteuerung, 27. Jahrgang 2015, Heft 6, S. 307-312.

Mehanna, W./ Rabe, M.: Big Data in der Konsumgüterindustrie: Kunden verstehen, Produkte entwickeln, Marketing steuern, in: Buttkus, M./ Eberenz, R. (Hrsg.), Controlling in der Konsumgüterindustrie – Innovative Ansätze und Praxisbeispiele, Wiesbaden 2014, S. 69-90.

Mertens, P.: Industrie 4.0 – Herausforderungen auch an Rechnungswesen und Controlling im Überblick, in: Controlling – Zeitschrift für erfolgsorientierte Unternehmenssteuerung, 27. Jahrgang 2015, Heft 8/9, S. 452-454.

Obermaier, R.: Industrie 4.0 als unternehmerische Gestaltungsaufgabe: Strategische und operative Handlungsfelder für Industriebetriebe, in: Obermaier, R. (Hrsg.), Industrie 4.0 als unternehmerische Gestaltungsaufgabe, 1. Auflage, Wiesbaden 2016, S. 3-34.

Reichmann, Th.: Controlling mit Kennzahlen und Managementberichten, 4. Auflage, München 1995.

Sauter, R./ Bode, M./ Kittelberger, D.: Digital Transformation in Manufacturing Industries: Wie Industrie 4.0 das Controlling verändert, in: Gleich, R./ Losbichler, H./ Zierhofer, R. (Hrsg.), Unternehmenssteuerung im Zeitalter von Industrie 4.0, 1. Auflage, München 2016, S. 141-155.

Scheer, A.-W.: Industrie 4.0: Von der Vision zur Implementierung, in: Obermaier, R. (Hrsg.), Industrie 4.0 als unternehmerische Gestaltungsaufgabe, 1. Auflage, Wiesbaden 2016, S. 35-52.

Schlüchtermann, J./ Siebert, J.: Industrie 4.0 und Controlling: Erste Konturen zeichnen sich ab, in: Controlling – Zeitschrift für erfolgsorientierte Unternehmenssteuerung, 27. Jahrgang 2015, Heft 8/9, S. 461-465.

Schmidt, G.: Business Analyst – Ein neues Berufsfeld?, in: Zeitschrift Führung + Organisation, 2013, Ausgabe 6, S. 438-443.

Schröder, E.: Modernes Unternehmens-Controlling, 7. Auflage, Ludwigshafen (Rhein) 2000.

Schwab, W./ Horvath, P.: Digitale Herausforderungen für den Controller, in: Controlling – Zeitschrift für erfolgsorientierte Unternehmenssteuerung, 27. Jahrgang 2015, Heft 11, S. 671-673.

Seiter, M./ Sejdić, G./ Rusch, M.: Welchen Einfluss hat Industrie 4.0 auf die Controlling Prozesse?, in: Controlling – Zeitschrift für erfolgsorientierte Unternehmenssteuerung, 27. Jahrgang 2015, Heft 8/9, S. 466-474.

Sejdić, G.: Industrie 4.0 - Controlling-Lexikon in: Controlling – Zeitschrift für erfolgsorientierte Unternehmenssteuerung, 27. Jahrgang 2015, Heft 2, S. 132-133.

Singh, M.: Am Vorabend der vierten industriellen Revolution, in: Controlling & Management Review, Ausgabe 5/2015, S. 8-14.

Sokolov: Cisco: Internet of Everything = Internet mal 10, 2014, https://www.heise.de/newsticker/meldung/Cisco-Internet-of-Everything-Internet-mal-10-2077874.html [Stand: 28.02.2017].

Spitzenpfeil, T./ Adelt, I.: Winning in the digital World: Controlling und Digitalisierung – Eine Systematisierung, in: Horváth, P./ Michel, U. (Hrsg.), Controlling im digitalen Zeitalter, Stuttgart 2015, S. 15-26.

Tschandl, M./ Mallaschitz, C.: Industrie 4.0: Controller als Treiber einer strategischen Neuausrichtung, in: Gleich, R./ Losbichler, H./ Zierhofer, R. (Hrsg.), Unternehmenssteuerung im Zeitalter von Industrie 4.0, 1. Auflage, München 2016, S. 85-106.

VDI/VDE Gesellschaft (Hrsg.): Cyber-Physical Systems – Chancen und Nutzen aus Sicht der Automation, 2013, https://www.vdi.de/uploads/media/Stellungnahme_Cyber-Physical_Systems.pdf [Stand: 28.02.2017].

Weyer, J.: Techniksoziologie: Genese, Gestaltung und Steuerung soziotechnischer Systeme, München 2008.

Willmes, Ch. / Hess, T./ Gschmack, S.: Die Bedeutung von Big Data im Controlling, in: Controlling – Zeitschrift für erfolgsorientierte Unternehmenssteuerung, 27. Jahrgang 2015, Heft 4/5, S. 256-262.